激變

CATACLYSM

鄒韜奮——著

鄒韜奮的抗戰日記

一部值得珍藏的文化遺產，
也是對抗戰歷史的珍貴貢獻

歷史紀錄，抗日戰爭時期的政治、社會、文化風貌
激變時期，抗戰年代，文學巨匠鄒韜奮筆下的珍貴見證

目錄

目錄

目錄

目錄

記在《激變》前面

這本書裡的資料，是「八一三」全面抗戰發動之後的三四個月內，作者在《抗戰》三日刊，《救亡日報》，及《申報》上所發表的文字。這三四個月在中華民族解放戰爭史上是一個劃時代的激變的時期，這本書裡的資料就是這激變時期的一種反映，而且在這裡面所觸及的許多問題，在今日還值得我們注意的，所以把它彙集起來，就把它叫做《激變》吧。

關於本書採自《抗戰》三日刊的文字，是自該刊在上海創刊起至該刊在上海無法再出版時止，所以就《抗戰》三日刊言，也自成一段落，這集子也可作為這一段落的一個小小紀念。

韜奮　記於漢口

廿七，六，廿八

記在《激變》前面

時評

□上海抗戰的重要意義

日帝國主義在上海的挑釁侵略，已經引起了我們英勇奮發的抗戰，這抗戰的最重要的意義，是在事實上表現中國的確能夠抵抗侵略。

日帝國主義始終夢想其所謂「大陸政策」，固有他們的一貫的侵略政策，但是不戰而取東北，小戰而取華北，也無疑地增強了他們的氣焰，增加了他們對於滅亡中國的幻想。同時在中國內部也有一部分人不相信中國有抵抗侵略的能力，認為中國不戰不是，戰也不是！這一部分人的動機如何，姑置不論，在實際上卻替侵略者和漢奸們張目！現在上海中國陸空軍的頑強抵抗，已在事實上給與這些幻想和謬想以重大的打擊了；在積極方面，更鞏固了中華民族的自信力。這和民族解放的光明前途有著很密切的關係，是很顯然的。

可是我們不要忘卻上海的抗戰只是全面抗戰的一個部分，察綏的自衛和平津的反攻，和上海抗戰的最後勝利是息息相關的，我們應注意整個自衛戰的推進。

政治準備的補救

北方南口的捷音和南方上海的勝利，都給與全國人民以莫大的興奮。我們一方面固要認識民族解放戰爭的最後勝利，雖必然地是屬於我們的，在持久戰的過程中卻須準備艱苦的奮鬥，就是吃了敗仗也還是要奮勇邁進，百折不回；在另一方面，我們也要盡力保障軍事的勝利。關於如何保障軍事勝利的這一點，我們深刻地感覺到政治準備太落後於軍事的行動，實有迅速補救的必要。例如後方民眾的整個的徹底組織和工作計劃，都要有通盤籌劃的打算和切實的執行。雜亂無章地「逃難」，也是沒有組織和計劃的一種表現；否則如在軍事策略上有移動民眾於內地的必要，命令一下，民眾便可作有系統的移動，好像莫斯科堅壁清野來對付拿破崙一樣。

政治準備必須和軍事行動打成一片，才能保障軍事的勝利。這是我們所要急起直追，力求補救的。

政治準備的補救

誰的責任

文化界救亡協會於八月十六日招待各國駐滬新聞記者，各友邦記者對中國的自衛戰都仗義執言，尤其是英國作家 Lock-hart 說得更透澈：「前天大世界的不幸事件，中國絕對不須解釋和道歉，因為假使日本不侵略中國，派軍艦和兵到中國，這炸彈絕不會誤落在上海！」

這是第三者很公平的客觀的話。上海的不安全，應由侵略者負責；要使上海安全，必須使日本的軍艦離開黃浦，日本的軍隊離開上海土地。

救濟難民與國防經濟

上海的抗戰爆發以後，突然顯現一個困難的問題，那便是數十萬「難民」的洶湧，弄得大家手忙腳亂！上海現在由熱心團體和同鄉會等等設立了幾十處的救濟所，忙於辦「給餐」，忙於設法「遣送回籍」，為救濟所所容納不下的便在馬路旁過露天的慘苦生活，流為乞丐，最近連馬路旁都不能立足，被人視為「無業遊民」而加以驅逐了。中國既下決心作長期抗戰，在抗戰過程中，如聽任這種現象在各處擴大起來，不但消耗國力，同時還要妨礙軍事，這是一個很嚴重的問題。這是需要根本解決的問題。

其實這件事本就該在「政治準備」（見上期本刊社評）裡面早定下有計劃的處置，不應到火燃眉頭的時候才感到「突然」的。

我們認為這巨量的「難民」都是抗戰期中的國防經濟建設的可貴的勞動力；倘只有消極的處置，仍不免消耗物力和人力，於抗戰仍然是很大的損傷。根本的辦法應該和後方各區域的（如雲南，四川，貴州，兩湖，兩廣等）國防經濟建設聯絡起來，在「戰時狀態」的加速度的國防經濟建設的整個計劃之下，把這巨量的勞動力運用起來，分配於重工業，輕工業，以及農業生產等等部門。這樣由消極的救濟而一變為積極的生產，便由消耗物力人力而一變為增長物力人力，便由妨礙長期抗戰而一變為輔助長期抗戰，這許多被人認為「無業遊民」也一變而成為衛護國家的干城了！

這種根本的辦法，不但是救濟難民的迫切需要，而且原來就是長期抗戰計劃中應有的實施。我們知道政府對於國防經濟建設已在積極努力，但是似乎還不免散漫，缺少整個的聯絡，尤其是對於抗戰的緊張狀況相適應。我們希望政府對這件事加以深切的注意，集中各方可資利用的力量，急謀迅速的進行。

上海設停戰區問題

英國正式建議在上海設停戰區，據說要點為：（一）互相同意中日雙方海陸空軍共同退出上海四周的地帶；（二）向日本擔保僑民的安全，並向中國擔保日方不利用公共租界為根據地，而保護日僑之責，則由租界內各國軍隊共同擔任。這在英國為著他們的在華二萬五千萬鎊的投資利益，當然有他們的立場。但是他們對於這個問題的看法，卻需根據我們的全國抗戰整個局面。有益於我們抗戰的整個局面的，我們當然可加考慮，有害於我們抗戰的整個局面的，我們應該毅然拒絕。我們所注意的不僅是上海一隅的問題，是整箇中國抗戰救亡的問題。

日帝國主義的主力戰，始終在華北，現在它在上海勢窮力蹙，屢吃敗仗，我們已分散了他的兵力；在實際上也就是等於協助我軍在華北的抗戰和反攻。在華北敵軍未驅出以前，我們在南口的抗戰是不應該放鬆的。我們在當前所集中火力摧毀的是日帝國主義的侵略，對租界的安全是無意損害的；但是我們不能縱任敵軍增強華北的侵略，我們不能放棄浴血抗戰所占領的區域。只須日軍退出上海，上海的安全是不成問題的。

青年和民眾的工作問題

最近記者和好多朋友所深刻感觸的有一件事，那便是有無數青年，無數民眾，要想在這緊急的時期裡替國家做一些工作，但是卻得不到工作做，不知道怎樣把自己的力量貢獻給國家，感到苦悶萬分，無法解決。

就一方面看，這是最可欣慰的一種現象，因為於此可見無數青年無數民眾愛國意識的普遍，為國家努力的心情的熱烈。這是中華民族必然能夠復興的心理上的基礎。

但是就另一方面看，怎樣消除無數青年無數民眾的苦悶，怎樣具體地解決這個問題，卻是一件值得大家努力籌謀的非常嚴重的事情。

這個大問題，當然不是任何個人的力量所能解決。記者因此特為調查民眾團體對於這件事的情形。依調查所得，上海各界抗敵後援會及其他二三團體所登記的投效人名，已有一萬人之多！據他們經驗之談，一方面感於工作的不夠分配，一方面也感於適用的人材之不易得。有好些人熱情有餘，而能力不足，缺乏技術上的訓練（這當然是就一般說，其中也有一部分已被動員而尚能適用的，不過比較的少數罷了）。

記者一方面仍對抗敵後援會建議，聯絡黨政機關，及各救亡團體，重新審查前後方的實際需要，在可能範圍內盡量動員自願投效的人們，一方面仍覺得根本的辦法還是要注意國防建設的整個計劃（講到自願投效的一點，在這裡想附帶提及一件事：據龐京周醫師說，現在華北後方傷兵醫院需要醫生八十人，每人生活費每月五十元至一百元，現在上海醫生肯去的只有十八人，倘有醫生願為國犧牲的，請速與紅十字會醫院龐醫生接洽）。

國防建設與總動員

在這抗戰的緊急時期，當然以軍事為中心，國民的總動員當然要以保障軍事勝利為中心目標。但是所謂總動員固然不是人人都赴前線參戰，也不限於顯然和軍事有直接關聯的事情，凡是鞏固後方，增加生產，加速訓練的一切工作，尤需要有通盤籌劃的具體布置，動員大多數人來參加。尤其因為中國對日本的侵略要作持久戰，這種鞏固後方，增加生產，加速訓練的一切工作特別重要。記者最近在南京時，曾和盧作孚、杜重遠兩先生對此事作多次的討論。他們兩位是實業家，對經濟方面特別注重，指出這個部門可動員幾百萬人，那個部門可動員幾千萬人（主要的為重工業，農業生產，及交通建設等），這樣才真是大動員。記者所做的是偏於文化的工作，認為和這個動員大量生產同時並行的，還要注意到動員大量知識分子來推廣組織和訓練的工作。上段所提到的有許多青年所受的訓練不夠，這不是青年本身之咎，因為他們本來是在受訓練的時期。倘有整個的訓練計劃，青年們在這整個的計劃之下受緊張的加速的訓練，以備補充前後方的需要，也就是他們對於國家的工作。

我們希望中央黨政當局聯合農工商業專家，迅速決定這樣的計劃，在比較後方的各省迅速實行起來。

持久戰的重要條件

日帝國主義的侵略中國，因為只是發動於少數的軍閥和財閥的暴行，全國人心渙散，財政危機四伏，所以公開宣言渴求速決戰。被侵略的中國正是要利用敵人的缺憾，須用持久戰來促成敵人的崩潰。

但是持久戰有持久戰的重要條件。我們要深切地明瞭這幾個條件，然後才知道努力的方向。軍事方面的不失時機，堅持抗戰；外交方面的積極推動，運用靈敏（參看本期《隨著抗戰展開的國際形勢》一文），這誠然都是持久戰的非常重要的因素。記者在這裡所要特別提到的是持久戰的心理的基礎和物質的基礎。在心理上，我們首須認清的，是這次為搶救危亡而抗戰的歷程是艱苦的歷程。在這歷程中，軍事上的偶有失利是可能的，最後的勝利是決定於我們能否堅持下去，能否反攻，能否源源不斷的有後援。民眾方面認清這一點，便應該存著百折不回義無反顧的沉著的心理，而永遠不致因偶然的失利而便心灰意冷，嗒然若喪，失卻繼續奮鬥的勇氣。在物質上，我們一面抗戰，一面仍須注意於生產的繼續；不但繼續而已，必須利用全國的沸騰的心理，悲憤的情緒，努力的願望，在整個的國防經濟建設的計劃之下，作加速度的更緊張的生產工作。有了生產上的後援，經濟上的後援，民眾不致因生產破產經濟破產而餓死於溝壑，然後軍事上才有源源不斷的後援之可能，然後最後的勝利才有把握。

實業家的責任

現在不是人人都發憤要替這緊急時期中的祖國盡力有些貢獻嗎？我們認為愛國的實業家對於抗戰時期中的國防經濟建設，實有努力貢獻的莫大的機會。我們很誠懇地希望他們不要錯過這個機會。

中山先生曾把權能分開來講，權屬於政府，能屬於專家。我們一方面希望執權的政府對此事加以特殊的注意，毅然發動，毅然進行；一方面也希望有能的專家對於具體的方案，下切實的規劃和積極的推動，助成多難興邦的結果。

依我們的管見，緊急時期中的經濟建設，須特別集中力量於幾個尤其重要的部門，務使這幾個集中的部門，在最短時期內能有突飛猛進的成績；根據這幾個集中的部門，把比較後方的若干省分成若干區域，就各區域的特殊原料和環境，決定通盤籌劃的策略。我們「要在敵人現時的種種威脅中重新建立起一個新的工業基礎，這個新的工業，將不僅用以支援長期的抗敵工作，而且要利用之以奠定中國民族工業的萬年基石。」（引用武育宜先生在二卷三十三期《中國戰時工業問題》一文中語。）不但工業而已，和抗戰救國有直接間接關係的幾個生產部門都應該根據這個原則，有同樣的實施計劃。

實業家對於所專的生產部門不但有豐富的經驗，而且有相當的實力。在這全民團結禦侮的迫切時期中，我們希望他們能奮然興起，替國家負起一部分的重要責任。

一枝火箭

據本月一日路透社巴黎電訊，《巴黎日報》說《中蘇互不侵犯條約》是「插入日本蠻牛頸項的第一枝火箭」，這實在是一句極妙的話語。

我們現在全國所積極努力的是抵抗日帝國主義對於我們國家民族的殘酷侵略；說得更具體些，是要從種種方面，運用一切力量保障我們的軍事勝利。誠然我們的民族解放是要靠我們自己的努力，但是在外交上爭取有利於我們的形勢，也是在我們自己努力範圍內很重要的一個部分。當侵略者橫行無忌殘酷絕倫的時候，由兩個愛好和平的偉大的國家公開斥責侵略的戰爭，震驚世界，暴露罪惡，在「蠻牛頸項」上「插入」「一枝火箭」，在侵略者方面當然是一個嚴重的打擊，在反侵略者方面當然是一個優越的形勢。這外交上的優越形勢，對於中國抗戰的前途也當然是有利的。

這互不侵犯條約所以遲遲到最近才完成的，在事實上是由於英美的牽制，最近由於中國的堅決抗戰，英美及國際形勢為之一轉，這條約也得到實現的機會，所以還是出於中國自身的努力。我們愈努力，國際形勢必然地愈有利於我們。這一點實在值得我們深刻的注意。

立於共同反侵略的和平陣線，為世界正義而奮鬥的陣線，我們希望在互不侵犯條約訂立之後，還有進一步互助條約的訂立。這不僅限行蘇聯，凡是贊同制裁擾亂世界和平者的各國，如英美法等，我們也竭誠歡迎他們加入這個集體安全的偉業。蔣委員長最近對路透社記者談話，也認為國際對日本的侵略戰爭，有干涉的必要，因為這不僅是有關中國，也是有關世界的安全。

漢奸問題

隨抗戰形勢的展開，漢奸的暴露也隨著增加，於是有些人驚嘆於漢奸之多，大發其悲觀論，甚至認為這是中國人的無可救藥的特有現象。其實這是各國在戰爭時期也有的現象，不過制裁的方法有優劣，猖獗的程度有大小而已。所以我們對於這種現象無須悲觀，更不必牽涉到什麼民族性上去，最重要的是要大家分頭努力於制裁的方法。

最駭人聽聞的是最近幸而被發現槍決的漢奸，竟有高階官吏黃濬在內，聽說他擔負了這個死有餘辜的任務好幾年，每月得賄萬元，則其平日的行跡必有疑點該早發現。所以我們覺得政府應下一番「肅政」和「肅軍」的工夫，否則國家所受的危害太大了！

至於一般的漢奸，軍警的偵察周密，執法嚴厲，固屬應有的辦法，而尤其基本的還是要靠有嚴密組織的民眾的力量，和軍警聯絡合作，同時對於一般國民最低限度的生計，有通盤籌劃的辦法。關於這方面，本期（《抗戰》三日刊第五期）登有農村經濟專家孫冶方先生的一篇文章，希望能喚起國人的特殊注意。孫先生在這篇文章裡雖偏重於農村方面，但是其主要的原則，尤其是關於組織和生計的注意，在一般方面也可適用的。

整理內部

自上海抗戰發動以後，最使我們感奮的是我們的前線戰士英勇作戰，視死如歸，雖敵軍統帥，也不得不對西報記者承認中國戰士的勇敢。我們常聽到軍隊到一個地方先要建築防禦工事，鞏固防禦工事。我們想到怎樣保障我們的光榮的軍事勝利，覺得應該注意到廣義的防禦工事。所謂廣義的防禦工事，就是要迅速而有計劃的整理內部。

講到我們內部，全國的團結禦侮，同仇敵愾，在心理上的基礎誠然已有了鞏固的「防禦工事」，這種例證，隨處都是。最近有某機關的某君在無線電播音裡宣布前線急需麻袋，在一小時內就收到六千隻！最近抗敵後援會在報上登出捐募舊香菸罐的訊息，一天之內就收到六萬隻！這種現象後面的心理基礎，是很可注意的。為什麼要抗戰，無論販夫走卒，婦孺老幼，都易於明白的。這和侵略國恰恰相反。他們打了許多時候，最近政友會還要求日政府明確宣布究竟為什麼向華用兵！

我們全國在心理上的這種基礎，便是整理內部的發動機，效果如何，要看我們是否能利用這個發動機來趕快整理我們的內部，鞏固我們的後方。後方的「防禦工事」做得好，前方的防禦工事才不至於白做。

我們每想到前線戰士的為國犧牲，沒有不感泣興奮的。但徒然感泣興奮是無濟於事的；我們必須趕緊努力於整理內部，用前線戰士的同樣的緊張的態度，努力的精神，犧牲的決心，分頭在實際上建築或鞏固後方的「防禦工事」，保障光榮的軍事勝利；這樣才對得住前線艱苦作戰的戰士，才對得住為國犧牲的無數烈士！

後方的防禦工事

我們借用軍事上的「防禦工事」這個名詞來形容在後方整理內部的工作，更足以暗示在這緊急時期的一切工作都須和戰事一樣的緊張，一樣的迅速，一樣的扼要，一樣的聚精會神，一樣的艱苦。

這後方的「防禦工事」當然是多方面的，雖則在領導全國抗敵救亡的政府必須有整個計劃和實施綱領，全國就在這整個計劃和實施綱領之下，分途努力。我們的內部在目前急待整理的工作，在軍事和政治方面，當然都有「肅清」和「加緊」的必要（例如肅清漢奸也是一件非常重要的事情），而在民眾方面更有直接參加機會的是生產工作，組織工作，和文化工作。關於生產工作，我們屢次討論到緊急性的國防經濟建設；關於組織工作，尤其注意的是廣大的民眾組織；關於文化工作，尤其注意的是廣大的民眾訓練。軍事、政治、生產、組織、訓練：這五項可以說是後方的「防禦工事」的最重要的子目。這後方的「防禦工事」鞏固到什麼程度，軍事的勝利所得到的保障也到什麼程度。首兩項偏重在政府的工作，我們不能多置喙，後兩項特別需要廣大民眾的參加，特別需要我們的思考和規劃。

中國人的責任

中國人的浴血抗戰，抵禦日帝國主義的侵略，為的當然是要搶救我們的祖宗所遺留下來的具有五千年文明的祖國，和千萬世子孫的福利。只就這一點說，已經值得我們犧牲一切，為我們的祖國而苦鬥。

但是我們的責任還不止此。日帝國主義倘若淪亡了中國（這在全中國奮起自救之下，是絕對不可能的事），他的威脅世界的和平和安全是更要猖狂的。我們為祖國的生存而戰，同時也是為世界的和平和安全而戰。我們為祖國驅除我們的民族的敵人，是我們對祖國應負的責任；我們為世界驅除人類的劊子手，也是我們對世界應負的責任。

不但如此。據最近《大陸報》所載，赴日遊歷乘上海丸到滬的美國某名人告訴該報訪員，說日本有知識者都極力反對和中國作戰，他們和美國朋友講到這件事，都說今日最有益於日本和日本人民的，就是他們的陸海軍在中國受到好好的打擊；他們都痛恨他們軍閥的狂亂行動，但是因為無力制止，只有切望其傾覆罷了。足見中國的制裁日帝國主義，對於日本的大眾也是有利的。

我們鄭重說明中國人的責任的重大，並不是要製造中國的誇大狂。恰恰相反，因為責任重大，第一，更需要沈著的奮鬥和艱苦的掙扎；第二，更了解我們的犧牲，我們的苦難，不是沒有代價的；是有著很大的代價，我們雖受盡犧牲，歷盡苦難而無悔！我們的犧牲和苦難不但是為祖國，而且也是為世界人類，甚至也是為敵國的大眾，那麼任何犧牲任何苦難的忍受，都是值得的。我們只有「踏著敵人的炮火前進」！我們只有前僕後繼地踏著我們的烈士的血跡前進！我們的行動是有最光榮的目標做前導！

失業工友和人力

聽說紗廠工人劉振山、鄧修清、梁山海等十人，代表戰區及非戰區紗廠十餘萬工友，分向社會局、總工會、及抗敵後援會等機關請求救濟，並擬組織紗廠被難工人互助會，俾便團結意志，共為國家效力。同時聽說本市總工會為調查全市工人失業就業狀況，特制定表格，通告所屬各工會限期填報。工友們能注意到有組織的行動，這已是成功的第一步，而行動的中心，能以為國效力為前提，更可敬佩。總工會能注意到這個嚴重的問題，也是一個好訊息。工友們的生計逼迫，有如燃眉，我們希望總工會能迅速調查，調查後能迅速繼以有效的救濟。

自抗戰爆發以後，大家嚷著集中全國的人力，物力，財力，增強國力以抗敵禦侮，這是完全對的。十幾萬的產業工人，無疑地是一支「人力」的生力軍，消極的救濟還只是暫解倒懸；根本辦法，應該要注意怎樣運用這樣可貴的「人力」

於積極的任務。積極的任務大概不外兩種：一種是組織起來，在黨政軍領導主持之下，參加輔助軍事上當前需要的任務；一種是在政府國防經濟建設計劃之下，積極參加生產的事業。

世界同情

本月十日路透的倫敦電訊，傳述《新聞記事報》社論，說「中國軍隊在上海奮勇抗戰，舉世人士，咸表同情，從來兩國戰爭，其中一國能得中立國人如此極大同情，如今日之中國者，殆未前有。」《紐約時報》同日社論，也說「觀於中國目前全國一心一德之抗日熱誠，足見中國已臻於統一之域，向以懷疑態度視中國者，今當刮目相看矣。」該報又說「日本今次對華作戰之目的，即在於短期間內戰勝中國，唯中國之策略，必在延長對日之抵抗，務使日本之經濟結構趨於崩潰，隨而不能繼續對華侵略而後止。……就今日中國對日抗戰之壯烈與意志之堅決而觀，中國所遭經濟上之困難雖大，最後之勝利，當可達到。」

此外，各國輿論對中國的壯烈抗戰讚美稱頌者尚多，不可勝舉。這種世界上的一致同情，無疑地是由於中國在英勇抗戰中的艱苦奮鬥所引起的。西諺有所謂

世界同情

「天助自助者」，渺茫的天不可知，我們所可信者是「人助自助者」，個人間如此，國與國間，民族與民族間也是如此。日本侵略中國的土地，蹂躪中國的主權，不自今日始，但是世界的同情每在我們的英勇抗戰奮發自救的時候，才表現出來；而且每當我們的抗戰愈英勇，自救愈奮發，世界對於我們的同情也愈深厚。機械論者往往不是偏於中國處於孤獨地位的說法，便是偏於中國只有倚賴外援的主張，其實世界對於我們的道德的援助，以至進一步的實際的援助，都是由於我們的「自助」所引起，而由此引起的「人助」，也反過來有裨於「自助」的增強，這兩方面是有著相輔相成的作用的。明白了這樣的觀點，我們一方面固然要努力「自助」，一方面也要盡量運用「人助」。我們應該深信，為民族解放及世界正義而英勇奮鬥的中國，絕不會孤立的。

哀敬中的奮勉

中央執監委會最近通電敬悼抗戰先烈，謂「旬月以來，各路將士，慤承總理成仁成功之遺教，凜遵蔣委員長守土救國之指揮，莫不以血肉搏敵，爭為先登，其忠勇奮發為國犧牲之精神，實為振古以來所僅見，最近如南口之役，楊方珪全團與壕塹同毀；寶山之戰，姚子香全營與孤城並命；志氣之壯，死事之烈，尤足以動天地而泣鬼神！」重要結論為「願我全國軍民益加淬礪，群以必死之決心，求最後之勝利。」前段所敘的是事實，後段所提出的是全國人民的公意。

我們每想到前線戰士為國犧牲的慘烈，都應該感愧奮發，更以赤誠為國效命。尤其是平日受國家優厚的待遇，而對國事並未有切實貢獻的人們，對平日所受待遇菲薄而臨陣視死如歸的抗戰先烈，應該愧死！全國同胞於哀敬之餘，尤須在事實上從種種方面保障抗戰的最後勝利，同時還要提防潛伏的大漢奸們蠢蠢思動，死灰復燃，為個人的私利計而寧願中途妥協，出賣民族利益。這種潛伏著的禍患，必須在廣大民眾的嚴厲制裁之下才能根絕的。

防線移動

在海岸邊上血戰三十二天的中國軍隊，於本月十三日移動防線，就突出的陣地加以整理，以整齊的陣容，自動移至南起閘北北至羅店瀏河形成一條直線的新陣線。這一道整齊的新陣線，不但比以前參差的陣線在形勢上有利得多，不但早已築成很堅固的防禦工事，而且超出了敵海軍炮的射程。這只是持久戰在軍略上的移動防線，原無所用其驚駭。各報的新聞把防線移動稱為我軍撤退，很易引起誤會，因為撤退好像含有消極的意味，使人覺得不再打了，從此退讓了，其實這次的防線移動實含有積極的意味，不但不是不再打，而且正是因為要持久打下去！

聽到「我軍撤退」的訊息而不免惶惑恐懼的人們，卻有他們從一二八戰役遺留下來的心理上的暗影。在一二八那次的抗戰，軍隊一撤退就一蹶不振，不再打下去，大家受到了這樣大的一個打擊，所以對這次的抗戰，也作同樣的看法，以為「撤退」就是不得了。其實八一三的抗戰和一二八的抗戰有個根本的差異：一二八隻是區域性的抗戰，所以隨隨便便的結束，撤退就等於完結；八一三是整個國策下的抗戰，策略上的移動防線是作戰過程中的常事，並不是完結的表示，反而是再打下去的張本。明白了這一點，從一二八遺下的心理上的暗影便無從作祟了。

傅作義將軍說得好，「目前挫折，不足驚異，我們只要始終不屈服的打，最後一定可以成功。」我們要竭誠擁護「打到底」；就是在過程中打了敗仗，我們還是絲毫不該動搖，還應該很沉著地很堅決地擁護「打到底」；況且這次只是防線移動，並不是敗退，倘若不免動搖，那就不知道持久戰果作何解了！

迫不及待的問題

我覺得我們對於防線移動用不著著急！要著急的倒是鞏固後方的問題。就上海而論，工業區域如楊樹浦（以棉紡織工人為大宗），浦東（以絲織工人為大宗），閘北（以繅絲工人為大宗），及滬西（亦以紡織工人為大宗）等區原來所容納的工人就在四十萬人以上，自滬戰發生以後，都受到嚴重的打擊。聽說失業工人離滬返鄉的已有十五萬人，這十五萬人返鄉後如何維持生計，已是問題，而餘下的前途茫茫，也是迫不及待的問題。最近又有全市絲廠停歇的訊息，滬市各絲廠商及繭商都已無力向浙省收買秋繭。這種形勢如任其拖延下去，對於鞏固後方是有著很嚴重的惡影響的。

聽說本市黨政當局及地方團體如上海地方協會等，最近對於失業工人的救濟，也已加以深切的注意，現已決定辦理登記，並設法遣送回籍，以免流落滬上。當局及地方團體能注意到這件事，並設法救濟，固然是一件好事，但是我們覺得僅僅遣送回籍，在上海方面也許可以減少一些危機，而從抗戰的整個後方看來，危機仍然存在，不過地址略有遷移罷了。我們希望各方面還要進一步督促政府迅速實行非常時期的國防經濟建設計劃，在這非常時期的緊張建設中，容納大量的人力，才是根本的辦法。

慘痛的教訓

這期本刊和讀者諸君見面的時候，剛在最慘痛的一個紀念日——九一八——過去後的一天，這慘痛的紀念還縈迴著每個人的腦際；在中國未收回失地和主權以前，這慘痛的紀念應該永遠深深地存在每個人的心坎裡。

僅有慘痛的紀念還不夠，必須由這慘痛的紀念日得到慘痛的教訓，才能懲前毖後，向著光明的前途邁進。

東北在不抵抗中淪亡，使日本帝國主義唾手得到侵略華北的根據地，華北又輪著被我們的民族敵人占為侵略華中華南的根據地。我們從這樣鐵一般的事實，應該深刻地明瞭中國的生存是整個的，不能分裂的；敵人對於任何區域性的侵略，只是繼續再侵略的張本，日本帝國主義的對象是要淪亡整個的中國，區域性的先後，不過是時間問題罷了。所以國人絕對不應再存區域性苟安的心理，而視先淪亡的慘痛，好像和自己不相干，卻要知道存則共存，亡則共亡，沒有什麼例外的。這是我們所不可忘卻的一個教訓。

日本帝國主義利於各個擊破，固為顯明的事實，但是在中國當時因力量消耗於內部的磨擦，根本就未能一致對外，所以東北於不抵抗中淪陷之後，也就無力反攻；甚至後來的準備也未能充分。現在全國在抗戰救亡的大目標下統一對外，英勇的戰士浴血抗戰，固非當時的形勢所能比擬，但是我們要發揮整個民族的力量來作持久戰，不應以僅僅避免內部磨擦為已足，不應以僅僅動員軍事為已足，還要進而努力徹底組織廣大的民眾，真正運用全國的人力物力然後才能保障抗戰最後勝利。這是我們所不可忘卻的另一個教訓。

人力移防

近來「救濟」的呼聲盛極一時，難民需要救濟，失業也需要救濟。辦救濟者自謂已筋疲力盡，而救濟的效用至多不過含有消極或消耗的意義，至於救濟的力量有限，很難普及，那更不消說了。在這些難民和失業者裡面，有大部分是具有生產或其他工作能力者，人力救濟實即等於人力消耗，所以我們認為人力救濟要設法代以人力移防。「遣送」似乎類於移防，其實「遣送」在實際上不過使難民或失業者改一改地址，仍然是消極的，移防是指把用不著的人力移到有用的地方去，是積極的。

我們收到不少青年或成年的來信，最可注意的是他們都很懇摯地，乃至很憤慨地，探問怎樣可以得到工作做，尤其是有益於民族的工作。從來沒有一個提到「救濟」兩個字，他們根本沒有表示需要救濟，所需要的是工作，有益於民族的工作。有一小部分自覺智慧太差，很坦白地探問怎樣可以得到訓練；他們所希望的不是「救濟」，卻是要受得訓練後，獲得工作。從來也沒有一個要求「遣送」，他們有的只表示情願回鄉工作，但要求的仍是工作，不是「救濟」式的「遣送」。

怎樣才能實行人力移防，很顯明的是必須有「防」可移；換句話說，政府必須從速實行非常時期的生產計劃，有了這樣的「防」，然後才能把所需要的人力「移」過去。有許多來信囑託我們介紹工作，我們萬分歉疚，無法以應，我們只有不憚煩地督促政府對於這個嚴重問題的深切注意，根據非常時期的生產計劃，從速實行人力移防。

轟炸南京

日本帝國主義者用空軍襲擊中國首都，原已不止一次，最近敵方更有大舉轟炸南京的恫嚇，由日本駐滬總領事於十九日將日本第三艦隊司令官長谷川致各國使館通告，遞交駐滬領團通知各國駐華使節，指南京為我軍策源地，為早日結束戰事起見，將用空軍轟炸，限各國使領僑民於廿一日午前退出南京，各國軍艦同時離開下關。廿日敵機即到南京肆虐，不下四次之多，共約八十架，平民死傷多人，敵機被中國空軍擊落五架。據電訊所傳，首都官民鎮靜安定如常，中國已堅決對日抗戰，無論現在或將來，國民政府絕不他遷。

日本帝國主義的進攻中國，目的要打到中國屈膝，也就是要打到中國跪下來。大舉轟炸首都的恫嚇，也無非要想嚇得中國跪下來。但是我們卻是「置之死地而後生」，日本帝國主義置中國於死地，中國人隨時隨地都可死，對於死的恫嚇，已司空見慣，不覺得可怕，反而要以不怕死的決心，全國愈益精誠團結起來。和我們的公敵，我們的公共劊子手，作生死的猛烈鬥爭。我們愈益深信只有這樣才能保全我們的民族，才能避免我們千萬世子孫的慘境。在搶救我們整個民族的偉大生命和保護千萬世子孫安全的目標之下，我們任何個人的生命都是可以在這大鬥爭中供犧牲，至於身外物的財產，那更不消說了。所以日本帝國主義把死來恫嚇我們，以為這樣可以使我們下跪，所得到的結果適得其反，反而使我們不怕死，反而使我們更團結，更沉著英勇地抗戰！

救亡工作

自抗戰展開以後，各人都想能對中國這個空前大時代盡一分責任，於是要求救亡工作的聲浪，隨處可以聽得到。這種對國家民族肯負責任，肯在實際工作上努力，實在是極可寶貴的精神，也可以說是中國的一個很大的進步。

但是大家嚷著救亡工作，什麼是救亡工作，倒值得我們用比較冷靜的腦子來辨別一下。初想起來，我們很自然地要想到陸空軍將士在前線的英勇殺敵，慷慨犧牲。我們如果身為軍人，受過軍事訓練，得著直接殺敵的機會，這問題便容易的解決了。其次我們也許要想到輔助軍事的種種工作，如前線的運輸、救護、供給，乃至掩埋種種工作，如後方的救濟、看護、募捐、徵求軍需用品等等工作；如得到機會參加，心理上似乎也可以安一些。這些見解都不錯，但是倘若除此以外，便覺得都和救亡工作無關，那便是不免誤會。其實所謂全國總動員是包括有政治、經濟、文化等等部門的。我們要從各方面推動或努力。誠然，這各部門在抗戰的時期中應該有計劃地和整個國防聯絡起來。例如平常也有工業，在這非常時期，應該集中力量於重工業的幾個特別重要的部門，平常也有農業，在這非常時期，應該集中力量於幾種生活需要上尤其重要的農產品；平常也有交通，在這非常時期，應該集中力量於幾條重要路線的短期速成；平常也有教育，在這非常時期，應該集中於加速度地訓練特殊人材，加速度地普及農民教育。參加這樣有計劃地和整個國防聯絡起來的工作，都是同樣重要的救亡工作。在目前，我們應該從各方面推動政府迅速使各部門的工作和整個國防聯絡起來。這是一切救亡工作的先決問題！

全國團結的重要表現

中國共產黨共赴國難的宣言（中央社膚施廿二日電訊）和蔣委員長對於這個宣言所發表的重要談話（中央社南京廿三日電訊），是全國團結禦侮的一個非常重要的表現；是國難愈益嚴重以來的數年間，全國憂心外患的人們不避艱險以企求的重要主張之一；所以這次中共的「光明磊落大公無私」的宣言和蔣委員長的「集中力量救亡禦侮」的談話，無疑地是全國愛國的同胞們所熱烈歡迎的。

中共這次宣言所表示的宗旨是要「挽救祖國的危亡」，是要鞏固「和平統一團結禦侮的基礎」，是要「決心共赴國難」，是要造成「民族內部的團結」來「戰勝日本帝國主義的侵略」，是「要把這個民族的光輝前途變為現實的獨立自由幸福的新中國」。這個宗旨是全國愛國的同胞們所一致擁護的。

要達到這個宗旨，「仍需要全國同胞每一個熱血的黃帝子孫堅忍不拔的努力奮鬥」，該宣言因此特向全國同胞提出三個奮鬥的鵠的：第一是為爭取中華民族的獨立自由而抗戰；第二是實現民權政治；第三是發展國防經濟，解除人民痛苦與改善人民生活。這三個鵠的也是全國愛國的同胞們所一致贊助的。

蔣委員長發表談話，申述「集中整個民族之力量，自衛自助，以抗暴敵，挽救危亡」，這種集中整個民族力量的主張，確是全國人民急迫要求的反映。

這樣一來，中國已恢復了民十八年前全民族一致團結以謀民族復興的精神。這樣的全國團結，是保障抗戰勝利最重要的一個條件，是對日本帝國主義的一個重大的打擊！

慘痛的犧牲

日本空軍最近轟炸廣州貧民區，殘酷絕倫，據路透社廿三日廣州電訊，該社記者親往被炸地點視察，見死屍堆在地上，如吸蠅紙上的死蠅，殘肢剩骸，不可辨認，見婦女一面號泣，一面扒動死屍，以尋覓其親屬；該社記者所到之處，無不哭聲震野，而如痴如狂的小孩，奔走呼號他們的父母，聞之尤令人慘切。這是多麼慘痛的景象！這是多麼慘痛的犧牲！這種慘痛的景象和犧牲是我們所永不能忘的，永不該忘的。

郭沫若先生在他的《抗戰與覺悟》一文裡曾這樣說過：「我們的前敵將士在戰壕流了的血是有光輝的，就是我們的許多無辜的老弱同胞受了敵人的轟炸所流的血也並不是全無代價。我們的無辜老弱所流的血，寫出了敵人的狂暴……證明瞭敵人的獸性，證明瞭敵人是無人道的劊子手，是連禽獸都不如的。……」

這話誠然很對。但是我們無辜同胞的慘痛的犧牲僅僅暴露敵人的獸性，使全世界知道世界上竟有這樣獸性的橫行，這還不夠；我們要努力保持抗戰到底，要保障抗戰的最後勝利，要絕滅投降妥協者的抬頭機會，使中華民族由這次的抗戰終於得到解放，然後我們的將士和無辜同胞的犧牲才算得到了相當的代價，然後他們所流的血才算不是白流的。我們悲憤於這樣慘痛的為國犧牲，唯一報答之道，是要努力爭取抗戰的最後勝利，嚴厲制裁動搖的分子。這樣才對得起慘死的同胞。

敵人分化的企圖

在國內時局方面，這幾天山東韓復榘的態度很受人注意。據路透社北平電訊，保定和滄州失陷之後，土肥原即飛到濟南，和韓復榘勾搭，說只要他能贊同華北五省的「自治」運動——實際是等於奉送華北五省，這是大家所知道的，——日軍可不再南下進攻山東。我們又聽說張自忠也到濟南遊說華北五省「自治」的陰謀，中央知道之後，已有電報叫韓將張扣留，解往南京，韓至今尚在躊躇中。

日本帝國主義在山東有巨量投資，不願損害，同時如能威脅韓復榘做傀儡，在他們當然是很有利的。但是宋哲元對日軍閥的再三遷就，劉汝明對日軍閥的奉命唯謹，最後所得的結果怎樣，這在韓復榘應該是當前的明顯的教訓，不應再糊塗了。我們以為社會上有力的公團應迅速紛電韓復榘，曉以利害，加以勉勵，使他不敢？然做民族的罪人。韓此時舉足輕重、固然有關華北戰局，但是中華民族的解放戰爭是非得到最後的勝利不止的，韓如屈服於暴日的要求，不顧民族的利益，終必徒然自毀而已。

敵人的侵略中國，對於分化方面無時不在作最大的努力。他們對韓復榘就用分化的手段，使韓和中央分立起來，保全他個人的私利。其實中國當前的現實是存則俱存，亡則俱亡，區域性的苟存是絕對不可能的。不僅地方和中央如此，在任何方面都有同樣的形勢。明白了這一點，日本帝國主義要分化我們，無論要分化地方和中央，人民和政府，乃至各個政治的集團，無論所用的方法是威嚇利誘，或是捏造種種挑撥離間的謠言，都是無所施其技的。我們要時常提防敵人在這方面的陰謀，不要上他們的老當。

平民工廠

報載江北難民萬餘人，因滬戰失業回鄉，生計斷絕，蘇省府為普遍救濟起見，決撥款在某某等縣，分設平民工廠，增加生產，充實後方，現正勘覓廠址，下月內可開工。

這段訊息，在報紙上雖占著極不重要的角落裡的位置，用很小的字印出，但我們卻以為值得我們的特別注意。因為能從生產方面來積極救濟失業，不但能根本救濟了失業者，同時也鞏固了後方的經濟，有裨於持久戰的前途，和消極救濟的效果不同。蘇省府能注意及此，卓見可佩，我們對於這些平民工廠，欣然樂觀其成。

日軍閥對中國作瘋狂的侵略，引起南洋各地的抵制日貨運動，據說自本月初起，日本三菱會社所屬的紡織五金玩具四十餘工廠，已一律宣告停工，同時大阪橫濱兩處宣告停工的大小工廠也有三四百家。這個侵略國所注重的是國外貿易，一受抵貨的打擊，即走頭無路；我們的生產是用來自給的，生產愈有辦法，後方的經濟愈為穩固，這正是救國工作的重要部分，參加工作的工友也就是努力保障我們抗戰勝利的前途。我們能努力穩固我們的後方經濟，和暴日的經濟崩潰的現象適成對照，正是我們的勝利多一層保障。

當然，蘇省府的這次實施大概只是小規模的，我們尤其希望中央對於生產計劃有大規模的設計與實施，那所得到的效果一定是更要偉大的。

韓主席表示抗敵

我們的民族敵人又在偷偷摸摸地醞釀其所謂華北五省「自治」的陰謀，在這個當兒，路透電訊忽傳土肥原到濟遊說山東主席韓復榘的訊息，很引起國人的疑慮，記者在上期曾在本欄論述到這件事，認為宋哲元對日軍閥的再三遷就，劉汝明對日軍閥的奉命唯謹，最後所得的結果怎樣，這在韓復榘應該是當前的明顯的教訓，不應再糊塗了。我們一方面痛恨日本帝國主義者的分化手段，一方面卻對於韓主席致其誠懇勖勉之意。

我們很欣幸地聽到九月三十日韓主席對路透社記者對此事的切實宣告。他否認土肥原到濟的訊息。他說中國的抵抗日本侵略，是中國的爭求生存，是中國的唯一出路。他表示要抵抗敵人的侵略，並表示要服從蔣委員長的指揮。韓主席的這種宣告，當然是國人所歡迎的。韓氏坦白闢謠，使國人明瞭他的態度，使敵人的分化作用無所施其技，這在韓氏的令譽非但無損，而且增加。

我們願乘此機會再提起國人的注意的：是在這整個民族生死存亡的最後關頭的時候，個人的前途與國族的前途已混織在一起而無法分離。個人的前途只有在爭取國族前途裡面得到。國族如沒有前途，個人即得苟存性命，過奴隸生活，也是生不如死，故為國族爭光明的前途，必要時雖犧牲個人而無所怨悔。在爭取國族的生存，各個人能有此覺悟，必更能全國團結一致，絕對不致再受日本帝國主義的分化，因為它用來分化的釣餌不外是個人的利益，不外要把個人的利益和國族的利益分離開來。

中國當前自救的最最重要的基本條件是全國真正團結，一致對外；敵人所渴望的是我們的內部分裂。在我們，真正團結是生路，內部分裂是死路。

熟練工人的慘遇

最近由天津傳來一個很可痛心的訊息，據說敵方為軍輸便利起見，決修由承德（熱河）到北平的鐵路，限兩個月內完成，唐山一帶被招去熟練工人千餘名，正在日夜趕修。用自己的熟練技能與辛勤的血汗，日夜趕著工作，結果是替敵人造成侵略祖國的工具，這不是極人生的慘遇嗎？

我們曾屢次大聲疾呼，認為要安定民生以鞏固後方，要增加財富以接濟前方，都有迅速實行國防經濟生產計劃的必要；在這樣大計劃裡，可動員大量的生產力，可在相當的最短時期內造成急需的種種生產。在這樣大計劃之下，我們全國熟練的工人都可集中能力來替祖國建造新國家的基礎；雖受盡艱辛，吃盡苦頭，都有極大的意義。如今卻只有反過來被敵人招去日夜趕修為敵方軍輸謀便利的鐵道，這兩方面的差異何止一萬八千里！但是這樣痛心的事實竟赫然見於電訊，我們不知國人看了作何感想！

也許還有人要擺其嚴肅的面孔，要怪這千餘名的熟練工人太沒有愛國心，甚至罵作漢奸，但是我們卻不要忘卻，在饑餓線上滾的人們根本就很難了解為什麼要愛國，況且平時怕把他們組織起來，訓練起來，等到禍迫眉睫，要希望他們怎樣怎樣，也都是徒託空想！

華北的緊張形勢

晉北的天險雁門關被敵突破之後，太原大有岌岌可危之勢，國人對於華北形勢的緊張，都非常關心，也許都感覺到非常的焦急憂慮。據三日路透社南京訊息，說南京方面得到石家莊的長途電話，敵軍系由平型關攻擊雁門關東的我軍右翼，我軍由該處稍稍後退，即構成一新陣線，自雁門關起，以五台山為尖點。在那一帶戰事非常激烈，我軍仍在積極抗戰中。

華北形勢的緊張是無可為諱的事實，但是我們一方面要從這些挫折的經驗中尋出深刻的教訓，一方面要使這些挫折不致動搖我們的抗敵的決心和勇氣。

從這些挫折中所得到的深刻的教訓是：僅靠軍事取得勝利是沒有把握的，必須有良好的政治工作和軍事工作配合起來，才能有勝利的把握。第八路軍因善於把軍事工作和政治工作打成一片，曾於平型關潰敗敵人，但是其他部分因政治工作趕不上軍事工作，軍事上也受到牽制，陷入困境，所以整個局面仍未能即有好轉。由華北前線的朋友傳來的訊息，都說前線的戰士告訴他們，前線作戰的苦況，主要的是得不到民眾的幫助；軍隊與民眾完全處於沒有關係的地位。這固然由於平時把民眾力量不放在眼裡，認為政治工作是多事，但是事實的教訓應該能引起覺悟而力謀亡羊補牢之計了！

在另一方面，我們卻不可因有挫折而動搖抗戰到底的決心與勇氣。由屢敗屢戰而終於獲得最後的勝利，歷史上給與我們的前例多不勝舉。即如蘇聯在與干涉的聯軍作戰時，最危險的時候，四方八面的土地都被敵占領，所剩下的只是列寧格勒和莫斯科附近的國土，卻因抗戰到底，終於轉危為安，一塊一塊的國土恢復過來。最最重要的還是內部要有團結鞏固的有毅力有辦法的領導力量和民眾共同奮鬥。

移殖難民墾荒

上海慈善團體聯合救災會委員朱子干、許幸之、陶茹卿、黃伯禹、趙樸初等提議移殖難民墾荒；這是注意鞏固後方的人們所樂聞的一個好訊息，雖則這建議只是限於區域性的性質。

該建議書謂「無計劃地遷送內地，仍必流離失所，非死於饑寒疫癘，則流為盜匪漢奸」；又謂「若輩泰半皆為國家有用之生產分子，此日虛靡坐食，皆成無用之民，他時無法維持，甚或資敵利用」。可謂慨乎言之。他們所建議的辦法，呈請中央指定江西及安徽為移民區域，將本市、太嘉寶及滬杭甬接近戰區一帶難民遷移江西，京滬線接近一帶難民遷移安徽，從事集團墾殖。先將上海所有十萬難民分為兩批移動，每批五萬人。以後再謀擴充。經費則由該會向各銀行錢莊先行貸款二十萬元，作為第一次移民基金，或向公債委員會先行撥借二十萬元公債押款，作為荒地人民應擔任的公債，將來由荒區人民，各自負責陸續攤還。

我們原認為移殖墾荒應為整個國防經濟建設計劃中一個部分，現在整個計劃尚未聞實現，區域性試辦，也許是無可如何中的一個推動力量。根據這個觀點，我們希望社會各方面樂助這個墾荒計劃的成功。我們並建議在這個墾荒運動中，還要加入一個教育計劃，同時動員若干教育者加入擔任艱苦的大眾教育工作。

最光榮的國慶紀念

本期本刊與讀者想見的時候，正是國慶的前一天。

就尋常的情形說，每遇什麼紀念日，拿起筆來做一篇「應時」的文章，實在是一件最乏味的事情。一年一次的國慶，在平常的時候，也許也不能例外。尤其是五六年來，整箇中國是在飲泣吞聲奇恥大辱的慘景中挨命，到了國慶的一天，與其說是舉國歡騰的時候，不如說是舉國悲痛的時候；在這天執筆作文的人們，在情緒上也逃不出這個圈子。

但是在中國第二十六次國慶紀念的這一天，我卻感覺到異常的興奮，感覺到這是最光榮的國慶紀念日！

既稱為國慶紀念，顧名思義，必須先有夠得上號稱為國的一個國；要夠得上號稱為國，必須有國格的存在，「打了耳光陪笑臉」是無法再保全國格的，國格無存，慶於何有？可是在今年國慶的這一天卻大不同了，是孫夫人致英國工黨書裡所謂「中華民族像一個人樣的站起來反抗日本侵略者了」。所以我說這一天是最光榮的國慶紀念日。

一個國家要能禦侮，國內必須一致團結起來，但是這個原理儘管沒有人能夠駁倒，而中國在最近已往的若干年內，都是處於內部分裂的狀態中，這是無可諱的事實。但在今年國慶的這一天，也大不同了。不但一向貌合神離的若干省份都已在事實上擁護中央，共赴國難；就是十年對立的國共兩黨也都為著保護國族而共同奮鬥了。全國的精誠團結是搶救危亡的基本條件，這基本條件我們現在已經有了。所以我說這一天是最光榮的國慶紀念日。

我們全國同胞所要擔負起來的責任，是要努力保持這光榮！發揚光大這光榮！

沉痛的想念

但是我們在紀念這最光榮的國慶日，同時卻不要忘卻東北四省和冀察兩省的七千萬同胞還在暴敵鐵蹄蹂躪之下，雖然實行紀念國慶而不可得了！他們在這一天，想起祖國把他們遺棄在暗無天日的境域中，只有哀痛悲憤的份兒，絲毫感覺不到有什麼可慶。這不僅是這七千萬同胞的恥辱，也是全國中其他部分的每個同胞的恥辱。我們要雪這恥辱，必須盡全力保障抗戰的最後勝利，必須用全力鞏固全國的團結，以爭取這最後的勝利。

今年的國慶誠然是最光榮的國慶，而這光榮卻是由抗戰而來的。我們不要忘卻：為著這抗戰，有不少受暴敵飛機轟炸的中國平民，婦孺老弱，無辜慘死，在這一天不知有多少孤兒寡婦，相抱痛哭；為著這抗戰，也不知有多少為國犧牲於疆場的英勇將士，前僕後繼，視死如歸，用血肉肝腦來造成這一天的光榮。所以我們應深深地感到最光榮的國慶是費了很大的代價得到的，我們要不辜負我們抗戰中的死難同胞，——無論是死於轟炸的平民或死於疆場的將士，——必須下決心不惜用更大的代價把這光榮努力保持下去，把這光榮發揚光大起來。想到這裡，我們不能用狂歡來紀念這最光榮的國慶，我們應該用沉痛來紀念這最光榮的國慶。不但僅僅紀念而已，全國同胞必須從這沉痛的精神裡，發生更偉大的集體力量，保衛祖國，爭取自由。

蔣委員長的堅決表示

在抗戰已發動之後，全國的輿論都集中於堅持抗戰到底這一點，全國人民所顧慮的是半途妥協，抗戰動搖，以致斷送民族的生命和前途。在全國這樣的心理之下，蔣委員長在最近國慶日對全國民眾的誠懇而坦白的演辭，實含有非常重要的意義，應為全國同胞所重視而永記不忘的。

蔣委員長在這個演辭裡，對於堅持抗戰到底，再三作堅決的申述，明白爽快，任何人都不應該有絲毫的曲解或誤會，也不可能有任何曲解或誤會。他說「真正的勝利，必從持久苦鬥中得來」；他說「我們國民第一必須抱定堅苦卓絕不顧犧牲一切的精神，要百折不回，奮鬥到底」；他尤其明確地說他「必定始終追隨著全國同胞，領導全體將士，矢忠矢勇，雖僅餘一兵一卒，亦必奮鬥到底」。我們深信，全國同胞對於蔣委員長堅持抗戰到底的表示，一定都以赤誠來擁護的。

蔣委員長在這篇演辭裡，還有幾句非常重要的話，那就是他希望「全國同胞不論男女老幼，各個人貢獻能力，在中央領導之下，各盡責任，共同一致努力奮發，必先要集中抗戰的力量，然後方得排除暴敵的侵略」。這樣看來，蔣委員長一方面表示堅持抗戰到底，一方面並申述全國民眾真正動員，「共同一致努力奮發」，為「排除暴敵侵略」的「先」決條件。換句話說，僅有軍事上的動員還不夠，必須全國民眾的動員，才有保障最後勝利的把握。蔣委員長是全國軍事最高當局，於軍事動員之外，獨諄諄於「各個人貢獻能力」，「共同一致努力奮發」，不是更值得我們的注意嗎？

怎樣能使「各個人貢獻能力」？怎樣能辦到「共同一致努力奮發」？這便是徹底組織民眾問題；倘若只有無組織的散漫的民眾，或未被容許積極自動的民眾，這個目的是永遠無法達到的。

民意機關的設立

國民大會因抗戰的非常時期而延期，這是應該的，因為在這緊急時期，無法實行這樣從容費時的辦法，也不應有這樣從容費時的辦法。但是我們認為在此過渡時期，民意機關仍不可少，因為民族解放的抗戰必須以民眾的意志為基礎，必須以民眾的力量為後盾。所以為保障抗戰的勝利計，必須有反映民意的機關；同時政府的重要措施，也可以透過民意機關，而使民眾得到更明白的了解。不過在這非常時期，產生這樣民意機關的手續要越簡單迅速越好，這一點是值得我們加以較詳慎的研究的，我們希望專家對這方面根據事實多多貢獻意見。

最近民主的聲浪似乎一天天在那裡擴大。我們認為倘若沒有相當的民意機關之設立，民主就等於空喊！還有人把民主的提出，認為是和政府有對立的意味，這更是完全誤解。政府的力量以民意為基礎，民意有具體反映的機會，供政府的參考與採擇，同時使政府的重要措施透過民意機關而使民眾得到更明白的了解，由此得到民眾更熱烈的擁護，這正是加強政府的力量，以應付此非常時期而為抗戰取得最後的勝利，怎麼會和政府對立起來呢？

有利環境

自國聯通過譴責日本的議決案及美國總統羅斯福的震動世界的芝加哥演說於十月五日發表之後，國際對於中國的有利形勢是愈益鮮明的了。日本帝國主義對華作殘酷猛烈的侵略，不但在國際上造成孤立的地位，受到全世界的唾棄（雖則向以「宣傳文明」自詡的義大利願做幫凶，那可算是例外的例外）！並且已惹起內江的危機。日本軍閥原不把中國放在眼裡，滿口裡嚷著速戰速決；對上海的戰爭，屢次對上海西人宣稱在九月半以前必能把中國的軍隊驅出上海，說有絕對的把握，但是現在已過了十月半了！據最近由東京來華的某外籍觀察家談，日本軍部威信掃地，乃歸罪外交，攻擊外務省不能盡職，致使日本軍隊血肉犧牲，反遭國際斥責，而財閥也以貿易犧牲難於再忍，痛責軍部：他們在事實上已陷於彼此埋怨的境域。日本的統治階級對於國內不穩的現象，已隨處流露著他們的憂惶的情緒了。

同時據快訊社自哈爾濱的電訊，路透社自北平的電訊，都說東北各地武裝民眾奮起反抗日本，已達十餘萬人，使關東軍在已往的兩月中不得不遣派額外軍隊十萬人出動。據說有許多地方已非日本軍閥所能控制，日人的生命財產已陷危境。這可見東北同胞受到祖國抗戰的感召，已在敵人後方大顯威力了。這種形勢的擴大，必然要給與我們的敵人後方以很大的打擊的。

國際形勢的好轉，日本內部的危機以及東北同胞擾亂敵人的後方：這種種都是中國抗戰中的有利的環境。這種環境固由於我們的抗戰所促進，也是對於我們的繼續抗戰有莫大的直接間接的幫助的，我們要不辜負這有利的環境，努力於持久戰的進行，千萬勿作妥協苟安的幻想。國民應以赤誠擁護政府抗戰，務使政府無內顧之憂，由此能盡其全力對外；政府也應與民眾融合無間，消除隔閡，動員全國人民，共同奮鬥，共挽浩劫。

苦盡甘來

中蘇兩國的關係因同受共同敵人——日本帝國主義——的威脅而有了加速的進步，所以我們對於蘇聯的近況也感到特別的興趣。據《真理報》最近所發表的統計，目前參加蘇聯國民經濟工作的工人較前大大地增加，總計工人階級占全國人口總數百分之三十四．七，而在帝俄時代，則僅占百分之十六．七；在已往十年間，各大工業工人每年平均薪資激增到五倍，而工作時間卻漸減，都已採用每日七小時工作制，有若干工業，例如礦業，則已每日實施六小時工作制，但勞動生產率反而突增，比一九一三年已增加百分之三零八．八！

蘇聯原來的工業也是落後的，乃至農業也是不行的。土地之大，落後的群眾之多，所受外患的危急，都與中國相彷彿，但是因為有目標有計劃的加緊努力，不畏艱苦，克服種種困難，竟能急起直追，縮短原來需要的過程，而得到驚人的結果。中國現在也需要於極艱苦的環境中作最大的努力，看到友邦的苦盡甘來，在那樣艱苦奮鬥中所得到的結果，應該有所動於中吧！

魯迅先生逝世週年紀念

十月十九日的今天，正逢著魯迅先生逝世週年紀念，回憶去年的今日，整千整萬的民眾在靜肅悲痛的氣氛中瞻仰先生的遺容，恭送先生的靈柩，民眾異口同聲很沈痛而悲壯地唱著輓歌，那個時候，中國還在含垢忍辱過著無恥的生活。安葬的時候，沈鈞儒先生等在先生的靈柩上很嚴肅地覆上一面白色大旗，上面寫著三個大字：「民族魂」。把「民族魂」和這位偉大的民族鬥士聯絡起來，是很正確的，因為魯迅先生的戰鬥精神已注入了千千萬萬的廣大的中國人的血液裡，使失卻靈魂的民族恢復了它的靈魂。在今年的今日，全民族的抗戰已在展開了，我們已秉著先生的遺教，承受著先生的英勇堅決的戰鬥精神，向著日本帝國主義猛攻了。「中國的最大的問題，人人所共的問題，是民族生存的問題」！「中國的唯一的出路，是全國一致抗日的民族革命戰爭」！先生的遺言，我們是永遠不會忘記的。先生的軀殼雖離開我們一年了，先生的精神是永遠不會離開我們的。

魯迅先生對於民族革命戰爭，曾經說過「戰線應該擴大」；又說「應當造成大群的新的戰士」；我們覺得在今日抗戰已發動之後，這種工作尤其是需要我們努力去做的。這偉大的民族革命戰爭，必須使全國人民都集中他們的力量來參加，必須在戰鬥中鍛鍊廣大群眾的戰鬥能力，如魯迅先生所謂「造成大群的新的戰士」，作堅決的持久戰，然後才能保障最後的勝利。

「什麼是路？就是從沒有路的地方踏踐出來的，從只有荊棘的地方開闢出來。」魯迅先生所策勵我們的是要從沒有路中踏踐出路來，要從荊棘中開闢出路來。我們今天紀念先生，不要忘卻先生始終英勇戰鬥的精神，奮發努力於民族解放的工作，不怕艱苦，不許妥協。

打破妥協迷夢

張君勱先生最近在他所著的嚴明戰時賞罰大權一文，有幾句很中肯的話，他說「中國勝利之決心，為軍事上勝利之前提，自己心上先存不勝之惰心，則軍事勝利亦無從說起。故我以為軍人之不出力與文人中之膽怯者，即為無勝利決心之明證」。他主張「中國今日之法律，不外二語：非勝利則死而已」。這意思我們完全贊同，認為有引起全國注意的必要。列寧為革命奮鬥，在最危殆時期，曾慨然宣言「非勝利即死」，以警告他的同志（見拙譯《讀書偶譯》），實在是我們在此非常時期中的暮鼓晨鐘。

九國公約會議的召集，揭破日本帝國主義的違反國際條約，理應制裁，乃最近英美大放調解的空氣，以旁觀的第三者自居，頗聞中國有些人也希望能得到調解而遷就了事，這種妥協苟安的心理，國人應大聲疾呼，嚴厲制裁。現在九國公

打破妥協迷夢

約會議伏有最大的危機，是他們採取拖延政策，日本帝國主義者則乘此時期，希望完成華北五省的軍事占領，以「已成事實」，勾結各國勉強中國接受辱國條件，同時希望在淞滬打一勝仗，以全「惶軍」的面子（「惶」字這樣寫法是有理由的）。要避免這個危機，中國一面應死守晉綏與上海，同時要打破妥協迷夢，堅抱「非勝利即死」的戰鬥精神，嚴厲制裁搖動人心，為敵人做清道伕的妥協論的變相漢奸！

命運在自己的手裡

最近有一位美國的名記者由華北到上海，我們問他對於這次戰事前途的推測，他說日本也許達到黃河之後，對中國提出和議，同時英國所怕的是日本侵害她在華中華南的利益，而並不在乎日本在華北侵害了中國的利益，甚至因為要使中國與蘇聯隔離，毋寧暗中贊成日本在華北做屏障，所以也許那時要出來替日本撐腰。那時如中國上當接受了下來，便一失足成千古恨，替日本造成淪亡整箇中國的基礎。反過來說，中國只要能全國始終團結一致，堅持抗戰，日本即暫時在華北爭城奪地，還是不能征服中國的。換句話說，中國的命運還是在中國人自己的手裡。

這位美國朋友眼光明銳，觀察深刻，在中國擔任英美兩國的特約記者在五年以上，他的意見是很值得我們注意的。由他的看法，我們至少可以引伸出兩個要點：（一）華北軍事在最近以前，著著失敗，形勢固然嚴重，但是隻要我們始終抱定抗戰到底的決心，絲毫不發生動搖，同時極力補救著著失敗的缺點，總結帳的最後勝利，仍然是有確切把握的。至於日本方面，因經濟的困難，無論新封鎖如何嚴厲，而大眾和商人的反對戰爭心理，已一天天流露了出來，甚至有大學講師因反對戰爭而入獄的，我們多堅持抗戰一天，日本的這種危機也更尖銳一天。（二）在國際方面，雖一致對我們表示深切的同情，但是他們也許還在懷疑我們有遷就妥協的可能，認為我們有許多地方還表示不肯得罪日本（如至今使領仍在日本之類），他們更犯不著得罪日本的，所以多少還存著觀望的態度，尤其是以老狐狸著名的英國為甚。所以我們能堅持抗戰一天，國際形勢也要更好一天，同時我們不應閉攏眼睛跟著老狐狸走，要毅然採取有利於我們抗戰的自主的外交。

命運在自己的手裡！敵人無論如何殘暴凶橫，我們的生死存亡，還是靠我們自己決定！

民眾運動與時間

中國有句老話叫做「十年樹木，百年樹人」，表示教育的工作是需要長時間的努力的。民眾運動在事實上也是一種教育的工作，因為組織和訓練，在在都含著教育民眾意義，所以也需要在平時有較長時間的努力，如果平日忽略，甚至壓迫，到非常緊急的時候才想到它，「臨時抱佛腳」，是很不容易收效的。據往內地努力工作的朋友帶回的報告，內地的抽壯丁及徵兵，就因民眾平日沒有受過訓練或宣傳的感化，根本不明白人民對於國家的責任，也不明白抗戰的真義，於是往往發生逃避或抗拒的不幸事情。有些地方，當局因無法「交卷」，甚至出於捉拿的手段，鄉民無知，更增加了他們的恐怖。這種情形，不能怪人民一時的糊塗；如民眾運動在平時受到注意，這種怪現象便不會有的。同時我們還聽到內地有些「抗敵後援會」不但不能推進民眾運動，反而阻礙民眾運動，在平時把民眾壓得服服帖帖，好像就此可以「莫予毒也已」，一旦有事需要民眾的力量，卻是急不起來的。持久的抗戰必須得到大多數民眾的參加和擁護，所以我們認為這是很嚴重而急待補救的現象。時不我待，我們不該一誤再誤了！

集中注意的一個問題

關於國事方面，最近各方面所集中注意的一個問題，可說是不久要在比京舉行的九國公約會議。據記者所知，各界對於這個問題，無論是公團，或是救亡團體，或是私人的座談會，都紛紛在討論著，這種對於國事的深刻的注意，是值得欣慰的一個好現象。我們希望從各方面討論的結果，能反映到輿論上，供政府的採擇。我們對於這個問題，也有過兩篇專論和一篇時評，貢獻所見，備國人的參考。本期本刊又發表一篇關於《九國公約》的來蹤去跡，就史料方面有所敘述，俾國人對該約的內容有更明晰的認識。

依我們已發表過的意見，我們認為日本既顯然違反《九國公約》劈頭第一條所謂「尊重中國之主權與獨立，暨領土與行政之完整」，九國公約會議應決定制裁侵略國的辦法而不應作調停的姿態，此其一。蘇聯為遠東主要國家之一，也應該被邀請參加，此其二。

關於第一點，英首相本月廿二日在下院演說，直率地說「在會議中談及經濟與武力壓迫，實為不智」；宣告「我們之赴此會議，是志在謀和」。關於第二點，據說要等到開會以後才決定，但是義大利的加入，是專為替日本幫忙來的，那時有它起來反對，這一點也毫無把握。但是這兩點，為中國的民族生存及世界和平計，中國都不得不堅持，尤其是關於第一點。

在會議中，他們很可能地提出停戰與議和的條件，中國即退一步說，也應該很乾脆而堅決地提出這樣的最低限度的原則：要談停戰，必須日本軍隊先退出上海附近和華北冀察綏晉四省；要談議和，必須先恢復九一八以前的中國領土主權的狀態。

外交運用與立場堅決

外交盡可運用，而自己的立場卻不可不堅決。我們的外交立場很明確地是保全中國的領土主權，這是任何求生存的國家所應保全的；而九國公約的在白紙上寫的黑字，也就是要尊重中國的領土主權。這在中國可謂名正言順，任何參加這個會議的國家都無法抹煞的。這樣光明磊落理直氣壯的立場，我們還不應堅決嗎？

記得凱末爾努力土耳其民族革命戰爭時，英國出來主持和議，派老奸巨滑的寇松為代表，凱末爾派外交部長伊斯瑪代表赴議，伊斯瑪是一位短小精悍的外交能手，耳朵原有一些聾，守著一定的最低條件，絕不遷就。在會議時凡有利於土耳其的談話，他都聽得清清楚楚，完全接受；遇到有礙土耳其主權的建議，他索性裝聾，充耳不聞，瞠目相對！寇松目中無人，暴躁咆哮，無如之何！中國的外交家裝聾也許不必，但是立場的堅決，伊斯瑪卻是個好榜樣。

中國這次浴血抗戰，現在雖僅三個月，但是前線將士的壯烈犧牲，無辜平民的橫遭慘死，所為者主要地不過是爭取國家的獨立與民族的生存而已，主持外交者倘念及為國犧牲的將士和平民的死難的慘酷，絕不忍把領上主權輕輕放棄的。我們全國民眾也不允許主持外交者把領土主權輕輕放棄的。因不放棄領土主權而在布魯塞爾得不到結果，全國民眾是能諒解的，全國民眾願繼續用鐵血來爭取祖國領土主權之完整！

上海戰事的最近變化

上海附近戰事，自九月十一日我軍防線遷移，堅守第一道防線以來，迄今四十五日，英勇抗戰，威名震動遐邇，各國日報及國內的西文報紙，無不著論讚揚，表示驚嘆。最近於廿六日上午因敵軍增援猛進，雖經激戰，終於不得不先後由大場、廟行、閘北、江灣撤退，扼守第二道防線。

敵人以最精銳的海陸空軍，集中火力猛攻，即有所進展，經兩個半月的慘重犧牲，才在黃浦江邊侵入十餘公里的土地，就消耗戰的意義說，不能不算已給敵人以重大的打擊。我軍以血肉之軀與敵人戰車炮火相搏，堅苦支撐，拚命抵禦，就前線浴血抗戰的將士而論，已可說是勞苦功高了。

在局外的第三者也許比我們看得更清楚些。據路透本月廿六日的倫敦電訊，

上海戰事的最近變化

英國權威日報之一的《孟撤斯特導報》（「Manchester Guardian」）的那天社論提及上海戰事，說上海戰局無論有何變化，中國已經獲得重大的優點，因為日人在上海參戰的約有十二萬人，此實日在華北戰事所不可少的兵力；若以損失而論，中日雙方都非常重大，但所不同者，在中國還值得，而日本卻很吃虧。

日本帝國主義利在速戰速決，中國則利在以消耗戰使敵人疲於奔命，疲於應付，增速敵人國內經濟的崩潰，加深國際形勢的矛盾，耐受艱苦的歷程，期獲最後的勝利。從這樣的觀點來看上海戰事的最近變化，應該只有本著原來的決心作更艱苦的努力。而不應該作無謂的悲觀與消極。況且我軍在第二道防線還在力求進展，和一二八時一旦退卻即一了為了的局面完全不同。即令上海因策略上的必要而全部退卻，那也不能因上海戰事的暫了而認為中日的全面戰事也一了為了，因為在全面抗戰中一時一地的進退是可以有的。我們的眼光要放大，注視整箇中國的抗戰與出路，要有民族解放最後勝利的信心。

最重要的一點

當前最最重要的一點是要全國一心一德抗戰到底。如能抗戰到底，那末在消耗戰的艱苦過程中，一時一地的小挫不致影響到最後目標的達到。這樣消耗戰才有意義，因為消耗戰的作用是要疲敵，不能持續即不能顯現其疲敵的作用。英國《每日捷聞報》的記者說得對，持久戰最後固然毀了日本，中國亦不免受很大的犧牲，但中國的重大犧牲，是值得的，因為中國儘管也被戰爭破壞，隨後卻可以從頭建設起來一個獨立自由的國家，比之半途妥協而淪亡好得多了。

我們必須明白消耗戰的意義，然後對於上海戰事的最近變化才不致頹喪，才不致影響到救亡工作的繼續努力。同時還必須明白只有抗戰到底才能顯現消耗戰的作用，才不致受妥協論的麻醉，才不致無意中被漢奸所放出的投降理論所動搖。在軍事勝利的時候，這種妥協論者和漢奸們不得不銷聲匿跡，一旦軍事上偶有失利，他們又在蠢蠢思動，蠅營狗苟，施展著他們的鬼蜮伎倆了！這是愛國同胞們所不得不徹底看穿而加以嚴厲制裁的。

敵人恐慌

中國為保持民族生存與世界正義而浴血抗戰，有了三個多月，在這三個多月中間，前線戰士的壯烈犧牲，後方民眾的無辜慘死，不可算不慘痛，但是這種慘痛，愈益鞏固全國抗敵的決心，愈益增加全國對於暴敵的認識，沒有聽到任何將士或人民對於抗戰有一句埋怨的話。

日本國內民間的反戰情緒的瀰漫，在第三者地位的西文報紙上已屢有報導，我們的抗戰再堅持下去，這種內部矛盾必然更要尖銳化。這種趨勢是勢所難免的，因為我們的民眾看到敵人對我們全國各處屠殺，誰都知道我們的抗戰是出於自衛的；敵人方面的民眾看到自己的父母妻子趕到別國境內去送死，統治者雖多方麻醉，說是自衛，怎能保障他們心理上的堅定？近幾天日本劊子手對中國雖仍繼續進行屠殺，但在另一方面卻放出願意考慮中國講和條件的空氣，這可見經過我們的抗戰才三個多月，就是日本的統治者也在恐慌了。最初這個空氣僅輾轉由倫敦傳來，最近路透十月三十日由布魯塞爾的電訊，據說依可靠來源的訊息，日本願意許美國出任調人，倘若南京首先與日本開始直接交涉。該電訊說日本除駐華的某系軍閥外，都急於中止對華軍事，勿再令更擴大；並說日本的領袖們恐怕軍事再擴大，日軍深入中國內部，易受蘇聯的襲擊。同時可注意的是日本絕不放棄華北甚至上海附近各地。

中國政府及民眾對於抗戰的堅持，已有事實上的表現，這種訊息當然只是日本帝國主義的「單相思」，只是顯露我們敵人的恐慌。不過有兩點我們應該注意：（一）各國對於我們抗戰的同情（意德除外），日本帝國主義是不免著慌的，所以有意放出「和平」的空氣，以動搖各國的態度；（二）中國全國拚命保衛祖國的決心，日本帝國主義也是不免著慌所以也有意放出「和平」的空氣，以破壞中國計程車氣與民氣，以動搖我們的鬥志。同時中國的妥協派及漢奸們也要乘勢為虎作倀，出賣民族利益。我們為著熱誠擁護政府抗戰到底的國策，堅守蔣委員長歷次對於抗戰到底的宣言，應該要全國起來注意敵人和敵人走狗的陰謀。

孤軍抗戰的教訓

困守閘北四行倉庫的中國八百勇士，本抱必死的決心，與陣地同存亡，苦守四日，百折不回，最後軍事最高領袖以值此長期抗戰之際，國家所期待於此八百戰士者至深且遠，故諭令退出，另圖報國之道。這八百勇士的悲壯行為，震動了全世界，喚醒了民族魂，對於中華民族的貢獻誠然是非常偉人的。但是我們在事後靜思，回想他們在這英勇抗敵視死如歸的四天，引起國際間無限的同情與後方民眾的熱烈的欽敬，無非是因為他們為國抗鬥的精神，——雖處極艱苦的環境而仍然絲毫不餒的為國抗鬥的精神，——有以感召得來。

怯懦乞憐只能引起卑鄙的惡劣感覺，唯有英勇抗鬥才能引起同情與欽敬。我們提及這個教訓，不免感慨系之的是有人竟靦然認為中國在國際上得來的同情只是由於在外交上對敵人的客氣，而不知道是由於中國的英勇抗戰，這真是不知羞恥的人的無恥的話！

擁護抗戰國策

中國自「八一三」以後，全面抗戰逐漸展開，領導全國抗戰的蔣委員長屢次在談話和宣言裡公開宣告全國抗戰到底的決心。抗戰是中國當前的國策，這是誰也不能否認的了。中國全國國民的當前的責任，就是要以赤誠來擁護這個抗戰國策，要以赤誠來擁護蔣委員長始終貫徹這個抗戰國策。

抗戰國策是已經確定的，但是在執行這個國策的過程中，必然有著種種的危機和障礙，需要全國人民共同努力奮鬥來克服。尤其是遇著軍事上一時的失利，往往有一部分人在心理上動搖著對於抗戰國策的信仰，甚至有些潛伏著的漢奸乘此機會活動，散布所謂「和平」空氣，在危急的時期動搖人心和士氣，在這樣的時候，我們必須防微杜漸，以堅決的態度，作不容情的制裁。這不是懷疑政府，正是擁護政府的抗戰國策。

中國在目前還無可否認地存在著種種障礙，使抗戰國策不能順利進行。這種障礙，凡是真正忠於國策的人都應該竭精殫思，努力排除。尤其急迫的例如政治機構之有待於迅速健全化，自主的外交之有待於迅速確定，廣大民眾動員之有待於迅速推進等等。都是要支援長期戰爭所不得不積極實施的要事，這種種方面的缺憾便是使得抗戰國策不能順利進行的障礙。是真正擁護這個國策的人們所不得不努力排除的。要排除這種種障礙，也不是懷疑政府，也正是擁護政府的抗戰國策。

我們的一切批判和建議，我們的一切努力，一切推動，都是要把擁護抗戰國策為中心。

青年的求學狂

諸君看了第八路軍駐京辦事處寫給本刊關於陝北公學的第二封信，想都要被青年的求學狂所感動罷。

最先是有好些青年寫信來探問陝北的抗日大學，我們因為不知道，請他們直接寫信去問第八路軍駐京辦事處，不料這竟忙苦了該辦事處的答覆（見本刊第二十期信箱該辦事處給本刊的第一封信）。後來該辦事處為節省手續計，把《陝北公學簡章》寄登本刊信箱（也見本刊第二十期信箱）。但是許多熱心的青年仍有信去問許多問題，仍忙苦了該辦事處，這在本期所登的信可以看得出來。

據簡章所載，該校的特點大概有：（一）課程內容切合於抗戰時期的需要；（二）投考年齡展至三十五歲，使年長失學者也有機會；（三）兼顧「具有同等學力者」，並不以文憑為絕對條件；(四)「一律免繳學費」；(五)應非常時期的急切需要，畢業時期只由半年到兩年；(六)畢業後得「介紹各地參加適當工作」。這些特點顯然都是在他處不合理的教育所望塵莫及的。可見該校簡章公布之後，得到許多青年的熱烈響應，並不是偶然的。

陝北生活的艱苦，是大家知道的，但是許多青年為著渴求比較合理的教育，竟紛紛不怕艱苦而有心去嘗試，這種熱烈的情緒是很值得教育家的注意的。我們希望這現象能推進教育當局對於非常時期教育的努力。

怎樣紀念中山先生

本期本刊和讀者諸君想見的時候，剛在中山先生誕辰紀念日的後一天，剛過了「紀念儀式」，「懸旗一天」。這「紀念儀式」和「懸旗一天」當然都是應有的舉動，但是我們仔細想想，便要感覺到僅僅這樣紀念中山先生是太不夠的，我們必須在事實上努力實現中山先生的遺訓和遺囑，那才是真能紀念中山先生。

中山先生的遺囑也許因為背誦的人多了，反而不加思索，但是這遺囑的第一句就說他一生的努力，「其目的在求中國之自由平等」，現在中國的土地淪亡於敵人者幾何？人民之被侮辱被屠殺於敵人之手者幾何？這和中山先生所企求的目的相差幾何？凡是真正信仰中山先生者，每念及此，當無不愧作無以自容，對於為民族爭生存的抗戰，應如何特別地努力！

要求得抗戰的最後勝利，當前最最重要的問題莫過於徹底動員全國民眾和進一步聯合利害共同的與國。關於這一點，中山先生也已給我們以明白的指示，明白告訴我們「必須喚起民眾及聯合世界上以平等待我之民族共同奮鬥。」我們現在對於動員民眾的工作已足夠了嗎？對於聯合以平等待我之民族以共同奮鬥，已充分做到了嗎？這在追念中山先生的時候，都需要我們加以沉痛的反省的。我們必須在事實上補救這些缺憾，使抗戰的勝利能快快地到來，使中山先生所企求的目的真能達到，那才能告無愧於中山先生。

對滬戰的認識

中國在上海附近的抗戰，最近幾天有著激切的變化，這變化似乎是意外，其實卻是長期抗戰中必然的經歷。有些人因為誤認為意外，竟動搖了他們對於抗戰前途的信心，這是因為對於滬戰沒有正確的認識，很有切實糾正的必要。關於這一點。蔣委員長於本月七日對外報記者的談話裡有幾句話值得我們的深刻的注意。他說：「中國此次抗戰，其要旨在於始終保持我軍之戰鬥力，而盡量消耗敵人力量，使我軍達到持久抵抗之目的。過去三個月抗戰情形，足以證明我方此種策略已獲初期勝利。以淞滬言，我方在該地本無險可守，……敵人雖盡用其海陸空軍之全力，……而我軍仍能……予以重創，敵方損失之重大，恐為日俄戰爭後之第一次，……此後敵軍深入腹地，其困難必更加多……我方形勢亦愈為有利，最後勝利終必屬於我方。」本月十日晚，中國出席九國公約會議代表團根據蔣委員長訓令，也說明上海中國軍隊退出公共租界鄰近，是戰術上的需要，其目的在延長長期的抵抗。

這都是非常深切明確的解釋與表示。我們希望全國同胞由此對於滬戰更能有正確的認識，把最近的變化看作長久抗戰中必然的歷程，不但不致動搖對於抗戰前途的信心，而且還要愈益鞏固這信心，準備作更奮勇的更艱苦的努力。最近我們不是提出了「主和者就是漢奸」的口號嗎？我們的政府和領袖是主戰的，是主張長期抵抗的，在主戰的國策下，主和者不是漢奸是什麼？我們要以極嚴厲的手段制裁漢奸，同時我們要把國策普遍宣傳給全國民眾，以赤誠擁護領導全國抗戰到底的政府和領袖。

敵的夢想

本埠英文《大美晚報》及《字林西報》所載路透及華盛頓傳來訊息，據說日本軍閥對中國所希望提出的講和條件有：（一）中國承認滿洲偽國，組織中日滿經濟集團；（二）華北與內蒙成立「自治」「反共」組織，受日本保護；（三）總稅務司須由日人充任，中國中央政府及各省政府機關，須聘用日本顧問，中國關稅稅則須加改訂，以促進日本製造品之對華輸出及中國原料之對日輸出；（四）須有一個親日的總統代替蔣委員長做領袖，同時中國須加入德意日防共集團；（五）中國不許有陸軍及軍用飛機，只許有保安隊以執行警察職務，商業航空須由日本經營，商業飛機亦須買自日本；（六）凡屬通商口岸，如上海、福州、廈門、廣州等處，皆須開闢日租界，同時目前已在日本占領下的中國沿海島嶼要由日本永久占領，作為軍用飛機場之用。日本軍閥這種夢想，只須其中的一小部，以足淪亡中國而有餘，全部實現更不消說了。但是中國絕對不會讓他們的這個夢成為事實的。《大美晚報》記者說這種條件只有對於完全打敗了的敵國才加得上。中國在目前也許不免還有一時的區域性的挫折，但是整箇中國是不能被征服的，日本軍閥的夢做得太甜蜜了！

他們的這種野心的流露，徒然增強中國全國人民抗戰的決心，因為橫在我們前面的路顯然只有兩條：一條是從艱苦中繼續抗戰以爭取民族的自由解放；一條便是「屈膝」，讓日本軍閥實現他們的夢想。在這兩條路的中間，並沒有像有些人所憧憬著的折中的道路可走。我們對於日本軍閥目無中國的囈語，徒然憤慨是不夠的，我們必須更進一步使這種憤慨變為整箇中國的偉大的抗敵的力量，咬緊牙根，鞏固團結，向著我們的唯一共同的敵人作更猛烈而持久的鬥爭。

意國反對譴責日本

據本月十三日路透由布魯塞爾傳來電訊，說九國公約會議因意國的堅強反對，致未能通過措辭嚴厲指責日本拒絕與會的宣言書草稿，但各國代表在歷時頗久且頗激昂之討論後，決定將此草稿交各國政府審查。在散會前贊成此宣言者十一國，獨意國力持異議。

意國這次參加九國公約會議，原以我們的敵人的代言人自居，它的這種舉動原在我們意料之中，所以這種訊息的傳來，雖增加我們的憤慨，卻不覺得驚異，所希望的是國內還有一部分人對於國際的真實形勢仍熟視無睹，或有意混淆黑白，使國家在這樣危急的時期中，對於有利於中國的外交路線仍在模稜兩可或一無所可的怪境中，看了這類的幫助我們敵人的露骨的表示，應該有些覺悟罷（其實墨索里尼早在他的機關報《義大利人民日報》上表示日本在中國的侵略行動是合理的)。

我們在國際上要認定唯一的敵人是日本帝國主義，不要多所樹敵，這原則誠然是對的，但是我們對於敵人的夥伴卻不應存有幻想，把它和我們的真正的友邦看作同樣的關係，認為我們所「尋求」的同樣的「與國」(見汪主席最近發表的《尋求與國與團結民眾》一文)。汪主席說「反對侵略者都可以為中國之與國」(見同篇文)。這話是完全對的，但是意國堅強反對譴責日本，是反對侵略呢?還是贊助侵略?這一點不弄明白，我們是永遠「尋求」不到「與國」的!

九一八的慘痛教訓

九一八的慘痛教訓，第一件是當時有許多人認為這只是東三省的問題，認為日本所要掠奪的只是東三省，我們雖大聲疾呼，說明九一八隻是日本帝國主義淪亡中國企圖的開始，沒有多少人理會，甚至有些著名的學者，竟倡言索性承認東三省的割讓以保全關內！現在事實擺在眼前，九一八不是東三省的問題，是整箇中國的問題，這個事實，誰也不能否認了。這是過去的事實，重提似乎沒有什麼意思；可是日本帝國主義對於中國的侵略，意在滅亡整個的中國，這個意義，對於比較落後的一般民眾，還有廣大宣傳的必要。有許多到內地去工作的朋友，就他們親身所經歷，發現有許多農民竟以為這次又是什麼軍閥乾的內戰把戲，對軍事方面的輔助，引不起他們的熱烈的情緒。換句話說，一向缺少對於農民的組織和政治意識的訓練，於是軍民打成一片，在實際上只是一句空話。這方面的認識不清，是需要迅速補救的。

第二件是九一八的國恥由於不抵抗所造成。不必付一點代價就可以把一大塊一大塊的國土掠奪而去，這種揭便宜的事情，實足以獎勵日本帝國主義的繼續的暴行，後來日本帝國主義的得寸進尺，肆無忌憚，都志在不勞而獲，是共見的事實。現在由於這樣的慘痛教訓，敵人來侵略我們的國土，誰也知道非抵抗不可了。抗戰在事實上已一天天在擴大，抵抗當然已不成問題。但是還有一個相似的危機，我們不得不嚴密提防的，那就是有些人在以前傾向於妥協主義者，一遇軍事上在過程中偶有失利，即可死灰復燃振振有詞，破壞抗戰的堅持，而跑上投降的路。這種苟且偷安的潛伏的心理，和以前的不抵抗是一鼻孔出氣的，其遺毒也許比以前的不抵抗還要來得厲害，我們要特別預防這種禍患的發生。預防的最有效的途徑，是建立有組織的廣大的民眾制裁力，同時要使持久戰的真義深入於一般國民的心理，使失敗主義者無所施其技。

前事不忘，後事之師，我們要爭取抗戰的最後的勝利，九一八的慘痛教訓是值得我們的回憶的。

九一八的慘痛教訓

求勝和堅持

為搶救民族的危亡而抗戰，我們當然希望打勝仗，這是所謂人同此心，心同此理，凡是中國人都應該有的心理。已往十幾天的抗戰，日本的海軍陸戰隊和空軍都被我們打敗，我們都得到相當的安慰和愉快，便是由於這種心理的表現。

最近一兩天日本有一部分陸軍運到上海登陸了，大家對於中國的抗戰情形有著非常迫切的關懷，每一個人的心坎中都含有求勝的情緒，這也是我們所應該有的心理。但是在這裡似乎也含有一種危險的成分，那便是隻有求勝的情緒而忘卻了沉著的意志，萬一軍事偶有失利（在抗戰的艱苦過程中，軍事上偶有失利是可能的事，雖則不是我們所願有的），大家在心理上也許要趨到別一絕端，弄到心灰意冷，把過程中的偶然失利即視為失敗，堅持的精神為之破壞無餘，這是對於我們的抗戰的最後勝利有著致命的打擊，是我們在事前所應當大聲疾呼，喚起一般民眾的注意的。

我們現在所尤其要集中注意的是一面英勇抗戰，一面還要努力從種種方面鞏固持久戰的基礎。例如財政問題，生產問題，交通問題，民眾的組織、訓練和工作問題等等，加以切實的研究和具體的解決。我們要沉著，要苦幹，打勝仗，我們這樣幹下去，就是偶有失利，我們也還是要咬緊牙根繼續幹下去。

专著

□國際響應與抗戰前途

國聯大會於九月二十八日通過二十三國諮詢委員會所提出的決議案，譴責日本空軍轟炸中國都市殘殺平民，贊成者達五十二國。大會主席阿加汗宣布決議案通過時，全場掌聲雷動，情形熱烈，得未曾有。當諮詢委員會開會時，各國代表都有激昂慷慨的陳詞，英代表克蘭波表示，這種慘酷的轟炸新聞，全文明世界聽到之後的深切的悲憤，非言語所能形容。法代表台爾博斯也起來聲稱，凡是看到廣州南京漢口等地被轟炸的報告的人，沒有不悲憤填膺的，若再緘默無言，即等於與罪犯為同謀。倘令日世界的良心不起而大聲疾呼，則文明本身將有滅絕之虞。蘇聯代表李維諾夫於擁護克蘭波對於空中轟炸的譴責之外，並進一步宣告，對於空中的譴責，並非對於其他進攻中國的方法即可認為正當。向在模稜動搖中的美國當局也表示贊同國聯的譴責日本，謂國聯如有具體的建議，則美國務院將加以審慎的考慮；同時宣告美政府曾屢次向日政府宣告，日飛機漫無限制，在中國人民稠密的廣大區域任意轟炸平民，實不正當而違反法律與人道原則。

國際輿論與民眾對日本的暴行更表示義憤。倫敦《泰晤士報》在社論中直率痛斥暴日的無恥，世界輿論一致抨擊，英報且鼓吹實行經濟制裁。英國人民抵制日貨運動發展迅速，已普及全國，美國也在發動，紐西蘭及南洋各地都在開始這種運動。印度國民黨領袖尼赫魯也發起在加爾各答，孟買，麻打拉斯，仰光四城舉行民眾大會，提出印度民眾實行抵制日貨的決議案。國際充滿了憤恨日本的空氣，已是鐵一般的事實了。

日本是素以善宣傳聞於世的。聽說他們對於宣傳費，是和軍費一樣重視的。但是無論他們的無恥的代言人怎樣善於厚顏說謊，最近屠殺中國平民的殘酷獸行，仍然要激動世界的公憤，而做這殘酷獸行的犧牲品的卻是中國的死得慘痛絕倫的無數平民。暴日的目的是要以極殘酷的屠殺手段，恫嚇中國人民，根據他們自己毫無人格毫無國格的無恥想像，以為這樣可以使中國人嚇倒，由此可以達到他們所夢想的使中國「屈膝」。但是出乎他們意料之外的，是中國人民雖然遭受到人世間最慘痛的境遇，前僕後繼，斷頭絕臂，為國難而死，死而無悔，民眾始終所有的唯一心理是抗戰到底，必打到我們的強盜驅出國門，收回失地，恢復主權，才肯罷休。西班牙外長伐育在這次國聯大會中熱烈擁護該會譴責日本暴行的決議，宣稱「西班牙謹向中國偉大民族的團結一致，表示熱烈的同情。」我以為中國不怕為國難而慘死的平民，他們的精神的偉大，實在是中國偉大民族精神的表現，而不是以屠殺作恫嚇手段的人們（？）所能想像得到的。徒然受人屠殺，只能引起人的憐憫而不能引起人的敬意。雖遭受到至慘極酷的轟炸獸行的屠殺而猶能前僕後繼，繼續擁護抗戰到底，繼續參加抗戰到底，這樣才能引起人的敬意。

「日本無論在平時或在戰時，終將仰賴世界以圖存。」（倫敦《泰晤士報》的話）日本要靠國外的原料，要靠國外的市場，日本要想脫離世界而橫行霸道以圖存，實是不可想像的事情。侵略中國的日本已遭世界的一致唾棄，我們的敵人在國際上的孤立，同時就是我們的勝利，也就是對於中國的抗戰前途有著良好的影響。要保持這個良好的影響，要擴大這個良好的影響，要使這個良好的影響更現實化，更具體化，固然在外交上的運用，而尤其根本的還是在我們自己能不辱「中國偉大民族」的精神，在艱苦中把抗戰持續下去，國聯這次對於暴日獸行的嚴厲譴責，各國輿論和民眾的熱烈的同情，是我們的無數慘死同胞的血肉肝腦掉換而來的；是我們的無數同胞為國難而死的偉大精神掉換而來的。天下沒有不出代價的好結果。我們要爭取國際上的協助，必須有更大的代價；這更大的代價便是我們要從種種方面努力，使我們的抗戰能夠堅持下去。

國際響應誠然於我們抗戰前途是有利的。但是我們不要忽略它的來源，不要忘卻它的來源。必須把握住這一點，然後我們對於最近的國際響應與抗戰前途，才能獲得正確的認識與更進一步的努力。

中國當盡量運用自己的優點

中國是一個弱國，這就某種意義上說起來，是相當正確的，尤其是在工業落後及軍備尚未充實方面，有著較明顯的流露，但是就民族解放的鬥爭的立場上看來，中國卻也有它的優點。在事實上，中國一直到現在，還未盡量運用我們自己的優點，這是非常可以痛惜而需要猛醒的一件事情。

這優點是什麼？我以為是具有深刻民族意識的偉大的民眾力量。但是這偉大的力量至今還在潛伏著的狀態中，好像有無量金礦寶藏似的，還深深地埋藏在地下，未曾開發出來，未曾被我們盡量運用起來。在中國也許還有人對這個偉大的力量還糊裡糊塗，或者有意熟視無睹，但是我們的民族敵人似乎已在擔憂著，所以對於中國的政府與民眾之間，大發揮他們的挑撥離間的作用。例如日本的近衛首相最近還再三宣告日本對中國的軍事行動只是要膺懲中國的南京政府與軍事領袖，至於天真而善良的中國民眾並非日本的敵人。我們誰不知道，中國政府對日抗戰，正是反映全國民眾的迫切要求，全國民眾因為發動了對日抗戰，對政府愈益擁護得熱烈；中國全國上下是在一致團結對付我們的公共敵人——日本帝國主義者。但是日本帝國主義者一定要施用種種伎倆來把我們的民眾和政府分離開來，這就因為他們看出中國偉大的民眾力量之可怕，一旦被中國盡量運用起來，是他們所難於應付的。我們的敵人對於我們的這個優點千方百計地摧殘，這是無足怪的，但是我們自己如縱任這個「寶藏」埋在地下，卻是一件很可痛惜的事情。

我們的這個優點是侵略國所欲得而得不到的。日本帝國主義向中國開始進攻以後，他們的政黨還公開要求日本政府說明對華用兵的理由。據最近由日本回來的朋友，還說在日本有不少人問起為什麼要到中國來打仗！他們不是沒有民眾，但是在少數軍閥和財閥所發動的軍事侵略之下，雖用盡麻醉的手段，壓迫的方法，民眾的力量還是喚不起來。被侵略的中國，情形便大不同了。我每日替《抵抗》三日刊拆閱無數讀者來信，看到他們愛國的真誠，願為國家的抗戰遭受任何犧牲而無悔的表示，未嘗不深深地受到感動。同時也感覺到政府動員民眾的工夫還太不夠，以致有許多有志為國努力的民眾都陷入投效無門的苦悶境域，因此愈益深刻地感覺到中國至今還未能盡量運用自己的優點。

我記得梁任公曾替李鴻章作過一篇傳記，說李鴻章可以自豪的是甲午之戰，日本不是打中國，打的是李鴻章。這在李鴻章，以一人和一國打仗，也許可以自豪，但是在當時的中國，以一人的失敗而貽國家以無窮的禍患，不可說不是中國國家的一幕慘劇。這幕慘劇的遺禍於中國，流毒至今，未曾消失。當時日本強迫李鴻章親自到日簽訂求和條約，有人說這是有意侮辱李鴻章，但是割地賠款卻是中國國家的莫大損失。這次中國整個民族和日本帝國主義抗戰，形勢當然和李鴻章時代不同，但是在當時日本所與作戰的好像只是李鴻章一個人，現在日本所與作戰的好像只是中國的二百萬軍隊！我要特別鄭重提出這一點，因為依事實上的表現，實際上和日本作戰的只是軍隊，只有軍事上的動員，其他部分雖已漸漸地在那裡發動，但是在這樣緊急的時期，這樣遷緩，這樣缺乏整個計劃，這樣散漫，是絕對不夠的。我們有急起直追，趕緊補救的必要。

我們有四萬五千萬的偉大的民眾力量，這是事實，但是如不盡量運用，那也只是一個空的數量，仍然不會發生實際的效用。我們有著這個優點——擁有偉大的民眾力量——為我們的敵人所不及，這也是事實，但是如不盡量運用，有若無，無異消滅自己的優點，替敵人消滅一種顧慮，這在民族利益方面，實在是一件罪大惡極的罪惡！這事如不急圖切實的補救，日本在甲午時候只須對付李鴻章一個人，在現在只須對付我們的二百萬軍隊，這危機實在值得我們的嚴重的注意和深刻的認識。

中國如真要作持久戰，如真要獲得最後的勝利，必須盡量運用自己的優點——現在還在潛伏著的而未被積極開展的偉大的民眾力量。

文化工作與國民動員

八月初我和幾位朋友在南京的時候，上海風雲已經非常緊急，我們見到剛由廣西趕入首都共赴國難的白崇禧先生。他是中國軍人中主張抗戰最堅決的一個，這一點特別引起我們的敬重，我一見面，就慨然說，在此全面抗戰即將實現的時候，槍桿做先鋒，重要極了，我們拿筆桿的當盡力跟著槍桿走。白先生說不是，真正做著先鋒的是筆桿，槍桿不過是跟著筆桿走。白先生是軍人，他對著拿筆桿的人說這幾句話，當然含著謙遜的意味，我們絕對不會輕視軍事在抗戰期中所占的重要的位置，不但不會輕視，而且是一致地尊崇，這只要看一般民眾對於浴血作戰，為民族爭生存的前線將士，屬望殷切，愛護備至，便可概見，但是軍心和民氣是有密切聯絡的，近代的戰爭，尤其需要大多數人民的支援，就這一點說，造成正確的輿論，喚起國民禦侮的意識與堅決國民奮鬥的意志，文化工作的重要是誰也不能否認的。

國民革命軍北伐時代的所向無敵，五四運動的文化工作可以說是先鋒隊，由文化工作所傳播的種子和革命的軍事配合起來，才開出光輝燦爛的花。當時打倒北洋軍閥，有如摧枯拉朽，主要的原因就在一方面是為民眾所唾棄，一方面卻有著民眾的基礎，得到民眾方面種種的支援。這種民眾的基礎，這種民眾方面種種的支援，絕不是派出幾支軍隊就可以號召起來的，在軍事發動以前，以及在軍事進行的過程中，都必須有文化工作在民間廣播革命的種子，培植鬥爭的情緒。軍事動員也許可由幾道命令而咄嗟辦到，國民動員便沒有這樣簡單，必須在思想上及意識上下一番工夫，必須在鬥爭的過程中繼續下工夫。

我曾經接到許多內地讀者的來信，報告各地抽調壯丁及徵兵等事，因鄉民不明白這次神聖抗戰的意義，也不明白國民對於國家應有的責任，加上土豪劣紳的藉口，威迫勒索，無所不至，發生種種不幸的現象，這裡面固含有很嚴重的政治的問題，而在鄉村的文化工作做得太不夠，或簡直根本就無所謂文化工作，也是一個很主要的原因。

蘇聯的積極建設是世所羡稱的，尤其是他們在那樣落伍的農民群眾中間，受到種種的障礙與困難，居然成功集體農場的偉大事業。可是他們曾經動員整千整萬的勤苦忠誠的黨員深入農村裡去做教育和宣傳工作，使頑固守舊的農民深切明瞭農村改革對於他們的意義，由此改變他們對於這新運動的態度。在最初期間，甚至有下鄉工作的黨員被無知農民所暗殺的，但是他們不怕艱苦，根據整個的計劃，繼續不斷地向前努力，到了後來，不但一掃頑固守舊的積習，而且動員數百萬數千萬的農民共同努力於農業生產的偉大的建設。世人徒知驚嘆於他們動員國民的偉大運動，卻很容易忽略他們在文化工作上的慘淡經營。

我常想中國要作持久戰，國民動員是最重要的一件事，而此所謂動員，一部分固然是動員直接參加前線的戰事；還有大部分卻是要動員來參加大規模的有整個計劃的迅速而緊張的國防經濟建設，與此經濟建設相輔而行，兼程並進的，是動員大量文化工作者參加大規模的、有整個計劃的迅速而緊張的文化工作。

蘇聯革命廿周紀念

中國現在是在整個民族爭生存的抗戰時期，在這抗戰時期裡面，我們的一切思想和行動都以「抗戰第一」的目標為集中點。換句話說，我們的一切思想和行動都以如何保障抗戰最後勝利為中心。因此，逢到中國的友邦蘇聯革命廿周的紀念（恰在本刊本期出版的後一天即十一月七日），我們一方面要為我們的友邦慶祝，一方面卻很自然地要把蘇聯革命的艱苦歷程聯絡到中國的抗戰。

中國目前是在非常艱苦的環境中奮鬥著，在這奮鬥的歷程中，暫時的挫折是在所難免的，而這種暫時的挫折往往容易使國人誤認為永久的失敗，減少勇氣，徒作悲觀，忘卻自己民族前途的大目標，忘卻持久戰的必然勝利。但是我們如想到蘇聯革命成功所經過的艱苦的情形，和今天他們所獲得的結果，便應該可以增加我們的勇氣，打破我們的悲觀，更明顯地望著我們的光明的前途，作繼續不斷的猛進。說到他們當時的國力，剛在世界大戰的漩渦中弄得民窮財盡，全國騷然；當時的白俄之勾結列國帝國主義，其形勢的嚴重，只有超過中國今日的漢奸；國土之被外敵占領，其範圍也超過中國今日，在實際上所剩下的只有莫斯科和它的附近的區域。但是三年的內戰（也可以說是「內外戰」，因為在叛亂的後面總是有列國帝國主義的支撐），全國的領導中心布爾塞維克始終堅定不移，在一九一九年底，叛將登尼卿進展至莫斯科相離只二百四十五英哩。但是終被攻退，國際聯軍的陰謀終因布爾塞維克所領導的持久戰而不得達到目的。倘若當時不是領導中心的堅強，堅持抗戰到底的主張，則中途的挫折早已使得人心渙散，跑到自殺政策的妥協路上去了！這是正在抗戰期中的中國，在蘇聯革命廿周紀念的今日，所要警覺的一點。

可是還有一點同樣重要的，那就是當時布爾塞維克的中心領導有廣大的民眾為基礎，這是他們所以終於能夠排除萬難達到最後勝利的基本原因。一九一九年的全年中，俄國完全被列國帝國主義所封鎖。甚至紅十字會的代表都拋棄了他們所視為必敗的首都。但是在這樣艱危的時期中，領導中心對於農民的政治教育及民眾組織仍積極進行，不遺餘力，不但產業工人一致擁護，就是大多數的農民也竭誠擁護，所以一九一七年的十二月紅軍只有四十三萬五千人，一九一九年增至一百五十萬人，一九二〇年增至五百三十萬人。白俄並不注意到工農廣大民眾的力量，他們所注意的只是浮在上層的城市布林喬亞牧師和以前的地主，此外便一無所有。又白俄對於少數民族的態度仍然是維持著帝俄時代的帝國主義壓迫的辦法，他們進攻莫斯科，必須經過的俄羅斯的邊境，那裡的居民大多數是「非俄民」(Non-Russians)，這些「非俄民」完全擁護布爾塞維克，如同大多數的農民一樣，想出種種方法和白軍搗亂。所以當時布爾塞維克的克敵致果，軍事以外的種種力量固然是出於民眾工作，即紅軍的迅速強大，也是由於民眾工作。後來列寧的毅然實施過渡的新經濟政策，老實告訴他們的黨人，說這是要顧到當時大多數農民的企求，否則失卻大多數人的支援，布爾塞維克（這時已拿到政權）一定是要失敗的。這個蘇聯的偉大領導者對於廣大民眾的深切注意，可以說是始終不懈的。我以為這也是正在抗戰期中的中國，在蘇聯廿周紀念的今日，所要警覺的又一點。

緊急時期的斷然處置

蔣委員長在本年國慶日宣告全國民眾：「這一次抗戰是死中求生的一戰，必須經過非常的危險和艱難，才能夠得到最後的勝利，全國同胞，一定要有實實在在的覺悟，知道初步努力，必繼之以更大的勇氣和犧牲……因此必須準備著一切，來擔當比今天還要艱難困苦到幾十倍的境遇。」

我們在這緊急的時期，在華北太原失陷，及淞滬我軍撤退後，人心似乎呈現皇皇的今日，願每箇中華民國的國民自己反省地問道：「是否真已準備著一切來擔當比今天還要艱難困苦到幾十倍的境遇？」「是否真已立定犧牲到底的決心？」我們在這緊急的時期，願全國同胞再仔細回念著蔣委員長所宣告全國的上面的那一段話。我們始終深信我們為民族生存與世界正義而抗戰到底，最後的勝利必然是屬於我們的。但是同時我們卻要深刻地明白這最後的勝利是必須我們不怕艱難困苦和犧牲到底去爭取得來的。倘若中途遇著艱難困苦，便嗒然若喪，心灰意冷，充滿著怯懦和悲觀的心理，那根本就不必想做獨立自由的國民，根本就準備做被蹂躪被侮辱的奴隸！

我們一方面願以艱苦奮鬥始終不屈，與全國同胞共勉。一方面願竭至誠希望政府在這緊急的時期，實行斷然處置的政策，痛痛快快地做幾件振奮全國人心，挽回衰頹士氣，和展開有利戰局的事情。我們不怕中途的艱難困苦，但是我們不得不檢討已往的種種缺憾，補救這種種缺憾，使抗戰很迅速地展開光明的前途。

第一件事是徹底開放民眾運動。中國抗戰至今，仍限於軍事動員，並沒有做到全民抗戰，這是誰也不能否認的事實。即各地的抗敵後援會紛紛興起，形勢較前不能說沒有多少進步，但是廣大的下層民眾的組織訓練和武裝，並沒有真正的實現。聽說周恩來先生在太原預料中國抗戰的必有光明的前途，說起「日本只能帶軍隊來，不能帶民眾來」，他的意思，我們勝於敵人的是除了軍隊外還有民眾。但是我們的廣大民眾的偉力至今並未曾發揮出來。

第二件事是政治上的重新整理。據事實所表現，要人中還有人發表模稜妥協的言論，各地官僚劣紳還有魚肉平民的劣跡，甚至如李宗仁先生談話所表示，即軍隊方面也有不少的弊端急待改革。在這緊急的時期，用賢黜奸，須有一番大刀闊斧的表現。

第三件事是與國的進一步的互助聯絡。自抗戰以來，國際形勢始終是對於我們有利的。最近九國公約會議通過譴責日本違約的宣言，這在表面上看去似乎還僅屬紙上文章，但是主持正義的幾個國家已有另組堅強的聯合陣線以對付侵略的端倪（見國民新聞社十四日布魯塞爾電訊），和平陣線和侵略陣線將愈尖銳化，我們的「尋求與國」絕對不能把侵略國的夥伴也拉為與國，必須在主張正義的英美法蘇求之，尤其是在遠東更與中國有共同利害的蘇聯，我們必須和它有進一步的合作。

全國同胞應有民族自信心，這是完全對的，但是在這樣緊急的時期，我們認為在政治上外交上必須有幾件有利於戰局開勢的斷然處置，才能轉變目前的危殆的局面。

有組織的民眾的力量，健全的政治力量，與利害相共的與國力量，配合起來，兼程並進，我們的勝利必能很快地到來。

讀國府移都宣言

國民政府於本月二十日發表移駐重慶宣言，表示於極艱苦的環境中仍堅持其抗戰到底的決心，我們深信全國同胞捧讀這篇宣言，沒有不感動奮發，更以赤誠擁護政府，共同奮鬥，爭取國家民族的生存獨立，達到最後的勝利。

這宣言首述「國民政府鑒於暴日無止境之侵略，爰決定抗戰自衛，全國民眾敵愾同仇，全體將士忠勇奮發」，繼述日寇「分兵西進，逼我首都，察其用意，無非欲挾其暴力，要我為城下之盟」，最後表示「中國自決定抗戰自衛之日，即已深知此為最後關頭，為國家生命計，為國際正義與世界和平計，皆已無屈服之餘地」，因此「為適應戰況，統籌全域性，長期抗戰起見，本日移駐重慶，此後將以最廣大之規模，從事更持久之戰鬥。」我們同胞，應更精誠團結，擁護政府，貫徹這「更持久之戰鬥」。

讀國府移都宣言

為解放自由而抗戰的國家，在過程中遷都，繼續抗戰而終於獲得最後的勝利者，史不絕書，較近的例子有蘇聯和土耳其。蘇聯在一九一七年革命後，受國際聯軍的干涉，當時的首都原在彼得斯堡（即現在的列寧格拉），因受敵軍威脅而遷都莫斯科。土耳其的民族解放戰爭，首都君士坦丁受列強威脅，也遷都到安哥拉。前者在列寧和他的黨人領導之下，後者在凱末爾和他的黨人領導之下，排除萬難，繼續抗戰，後來的結果是大家知道的：被歐人譏為「半野蠻」的俄國，現在成為世界上最被人敬畏的國家了；被歐人譏為「近東病夫」的土耳其，現在成為完全獨立平等的國家了。遷都這件事的本身當然不是什麼喜訊，但是遷都之後仍然繼續抗戰，不達到最後勝利不止，這卻是在民族解放戰爭的過程中不屈服不妥協的表現，這是全國同胞所應聞風興起，振作奮發的。

同時我們希望在移都繼續抗戰之際，對於與抗戰的勝利息息相關的內政外交，尤須有迅速的重新整理與轉變。自全面抗戰發動以來，發現了我們的許多優點，也暴露了我們的許多缺憾。為保障我們勝利的前途，我們當愈益奮勉地發揚光大這些優點，也應該愈益坦白地糾正補救這些缺憾。講到內政方面，各地不肖官紳擾民虐民的事情必須嚴厲制裁；有利民生的事情，必須迅速實行，民心悅服，民生安定，這是鞏固後方支援久戰的重要基礎。關於軍隊方面，自浴血抗戰以來，前線英勇作戰的將士，已引起全國人民最高的崇敬，但最近據我們聞見所及，仍有一小部分不守紀律，做出對不住老百姓的事情，這是需要迅速補救，免失民心的。

講到外交方面，自日本帝國主義與意德訂立防共公約，以防共為侵略及破壞民主政治的掩護之後，徒然促進英美法蘇的和平陣線的結合，這種國際形勢如運用得當，於中國的抗戰無疑地是有著很大的裨益，誠如張志讓先生所說，「中國的外交應該一面善用英美法蘇合作的傾向，以取得聯合對日的行動；一面推動英美贊助蘇聯為更進一步的單獨援助。」（見廿一日《申報》專論）英國為地中海問題不得不拉法國，法蘇為共同對德而不得不互助，中國在目前的緊急時期中欲得迅速的好轉，必須在外交上有一番驚人的發展，同時配合內政的重新整理，然後才能從危殆的境地中自拔出來。

讀國府移都宣言

全國應注意的重要關頭

在兩年前我還流浪在倫敦的時候，有一天看了倫敦《泰晤士報》上所登日本軍部發言人的一段話，氣得一天飯都吃不下。那時日本帝國主義於掠奪東北四省之後，已開始侵入綏遠，英國各報對於日軍的橫行無忌，頗有煩言，日本軍部發言人便發表了一段意見，說中國民族無理可講，所怕的就只有拳頭。對付中國的唯一方法就只有武力，用武力是有求必應的，用其他方法是毫無功效的，這種實際的情形只有日本人懂得最清楚，不是西洋人所能了解的，所以奉勸西洋人不要多嘴，只要看日本人所得的結果就可以證明的。這明明是對世界公開宣言中國人是天生的奴性，只有用對奴隸威迫的辦法對付中國人！日本近衛首相毫無顧忌地對世界宣言要把中國打到屈膝，也顯示著同樣的心理，「屈膝」是奴隸的狀態，在他看起來，中國的四萬萬五千萬人就只是一大群具有奴性的動物而已。

但是被日本帝國主義視為奴隸的中國人終於不能再忍辱含垢，奮然為保持民族的生存而起來抗戰了，日本帝國主義仍深信他們可用對付奴隸方法達到成功，所以盡量利用殺人的大砲，坦克車，機關槍，毒氣，和轟炸，在中國作大規模的慘無人道的屠殺，無辜的平民和避難的婦孺，都遭受到慘無人道的屠殺。但是中國人無論遭受了怎樣的慘遇，仍然是咬緊牙根，為著爭取民族生存而忍受慘苦，毫無怨懟。世界視態，為之激轉，暴日罪惡，盡行顯露。我們已對全世界證明中國人並不是像日本帝國主義所想像的只具有奴性的動物。

但是我們要真能自拔於「奴籍」，最最重要的是在當前抗戰的過程中勿上日本帝國主義的老當。據路透社十月三十日由布魯塞爾傳來據說可靠來源的電訊，日本認為如果中國政府願與日本直接講和，日本願由美國出來做調人。該電訊又說日本除了駐華的某系軍閥外，都急於要停止對華戰爭，勿使範圍擴大；又說日本的領袖們都怕深入中國後易受蘇聯的襲擊。這訊息表示日本帝國主義經中國的英勇抗戰，已經著慌；表示在華的日軍閥已失卻國內的一般支援；表示日本帝國主義之不勝持久戰，也就是中國只要持久抗戰，必然可以得到最後的勝利。但是這一電訊說日本絕不放棄華北五省自治及內蒙帝國，甚至加上上海附近地帶的占有。這表示日本的所謂「講和」，就是等於要我們「屈膝」。我們所以大聲疾呼，認「主張妥協和平者就是漢奸」，原因也就在此。

中國政府為保持土地主權而領導全國抗戰，蔣委員長三令五申地表示中國必抗戰到底的決心，這是與天下以共見的事實，我們國民只有熱誠擁護政府和蔣委員長抗戰到底，決無任何懷疑的餘地。但是正是因為我們要熱誠擁護政府和蔣委員長抗戰到底，所以對於敵人動搖中國人心的陰謀及漢奸為虎作倀的活動，不得不加以精密的注意與嚴厲的制裁。

我們要下決心抗戰到底，做堂堂的人呢？還是自甘中途妥協，幫助日本帝國主義造成四萬萬五千萬的「奴隸」，使日本帝國主義代言人對世界侮辱中國民族的狂吠得到事實上的證明？這是全國應注意的重要關頭！

堅持抗戰與積極辦法

自「八一三」全面抗戰的號炮發出之後，有兩件令人興奮而於中國抗戰非常有利的事實是很顯著的。一件是國際對中國的一致的同情；還有一件事是中國士兵的作戰英勇。但是儘管有著這兩件有利於中國抗戰的事實，自從華北的太原失陷與淞滬撤兵之後，動搖的心理與軍事上的令人失望似乎已漸漸地傳布著它的毒菌，這種嚴重的形勢實值得我們的嚴重的注意與迅速的補救，否則抗戰前途不免要受到重大的打擊。換句話說，時至今日，要堅持抗戰，必須排除諱疾忌醫的心理，提出毫無掩飾的檢討，在政治上有個大的整頓，決定積極的辦法，才能使這危殆的局面為之一變。

目前抗戰形勢的不能好轉最大的癥結還是在僅有軍事上動員，而實在沒有做到全民族的整個抗戰，也就是說對於民眾運動仍然是未有徹底的解放。因為民眾運動沒有得到徹底的解放，軍事上也受到很大的不良的影響。這種不良的影響，在事實上已有著很明顯的表現，例如運輸、救濟、間諜等等的缺憾，固有許多人說到，又如武裝民眾一事，如再不實行，敵人每占一地，即無後顧之憂，不必多消耗他們的軍隊來防後方，可盡量運用他們的軍力作更進的侵略，這是多麼大的危機！至於補充我們的軍力，無論人力物力，也是非徹底開放民眾運動不可。現在有許多人都在高呼持久戰，消耗戰，但是這種策略非迅速使軍民打成一片，是絕對沒有多大把握的。

除民眾運動的徹底解放外，要注意的還有動搖分子的肅清與政治機構的健全；自主的外交路線之迅速決定，對英美法蘇的更進一步的聯合，尤其是對於在遠東與中國利害相共的蘇聯應有進一步的合作，不僅僅是希望幫助一些軍火而已，在攻守同盟的參謀本部計劃，以及政治外交種種方面的問題，都應有徹底的商定與合作。同時在內地的戰時生產，必須有大規模的籌劃與實施，安定民生，以鞏固後方的基礎。總之，整個民族的抗戰，絕不能僅限於軍事的一個方面，中國抗戰到了今日的形勢，不在政治上有一番大轉變下個大決心，不能整飭散漫的人心，振作衰頹計程車氣，得到堅強的與國，展開有利的戰局。

真要堅持抗戰，必須有積極辦法。否則儘管說最後勝利必屬於我，不知道最後勝利是待於我們的最大努力得來的，那也只是所以自慰的空話，於實際是無補的。我們要全國人民熱烈擁護抗戰，當然要使他們有民族自信心，但同時政治上必須有種種展開有利戰局的事實，與天下以共見，然後才能使全國人民振作奮發，向著共同的大目標向前邁進。

形勢已一天天地嚴重起來了，時機稍縱即逝，及今不圖，後悔無及，希望全國同胞急起直追，督促並贊助倡導全國抗戰的政府和領袖，迅速在事實上實現中山先生「喚起民眾，聯合世界上以平等待我之民族，共同奮鬥」的遺囑。

隨筆

□戰的反面

記者八月三日到南京，約作十日的勾留。我和幾位朋友往南京去的目的，是要對中樞要人貢獻一些關於救亡運動的意見，所晤及的黨政軍各要人，所談的也不外救亡運動的問題。我們到後，看到各省的軍事領袖，如閻錫山、白崇禧、劉湘、龍雲諸氏，都紛紛會集首都，商討國防大計，對於抗戰救亡，都有堅決態度的表示，很使我們感到興奮。可是在這幾天裡面，有些朋友從上海去的，據說上海謠傳「和平」的空氣很厲害。「和平」的本身，誰也不反對，但是喪權辱國甚至亡國滅種的「和平」，卻是我們所極端反對的。謠傳不是事實，我們原不置意，但是因為有這樣的謠傳，我們見到某要人的時候，偶然提起這個謠傳。他說他看不出有和平的途徑，因為中國對日本要和平，日本所要的代價必須包括這六項：(一)承認「滿洲國」；(二)承認日本在華北的特殊地位；(三)共同防共；(四)東亞對歐美外交須由日本「領導」；(五)根絕全國的抗日運動；(六)由日本用武力監視以上各項的執行。這便是「和平」的代價；這便是戰的反面！簡單說一句，這反面是中國的道地十足的淪亡，是四萬萬五千萬的中國人變成四萬萬五千萬的奴隸！這代價是我們所萬萬無法支付的。於是餘下的唯一有希望的途徑是整個民族的堅決抗戰！

我們明白了戰的反面，對於抗戰才能下最大的決心，對於抗戰才能堅持到底。我們明白了戰的反面，才能深刻地感到儲存五千年文明和衛護千萬世子孫的責任都在我們的肩上，我們要用任何犧牲去爭取的。

抗戰與建國

據最近東京傳來的日本閣議的公表，日本政府準備長期戰爭，並將於九月初向議會提出新法案，使日本整個經濟組織變成「戰時狀態」。侵略者準備長期戰爭，以日本的國內形勢看來，只是自殺政策。但是在被侵略的中國，卻須有長期抗戰的準備。

這準備不是一句空話，應該是有切實的整個計劃和切實的執行。我寫這句話時，縈迴於腦際的是「戰時狀態」中的後方國防經濟建設。平常所謂國防經濟建設，也許因環境的鬆懈，不免有踱方步的姿態；在這萬分緊張的抗戰時期，應該出於跑快步的姿態。蘇聯的建設，天天以帝國主義的進攻警惕國人，力促五年計劃在四年中完成（實際是四年零三個月），我們當前的拚命時代，比當時的蘇聯更緊張萬倍，更應該把抗戰做發動機，在幾個比較處於後方的省份，加緊國防經濟的建設。在整個計劃之下，動員四萬萬五千萬的國民，努力於重工業及農產品的緊急生產，大規模地建設交通，同時用教育方法，宣傳工具，使努力於這些事業的人們，深切地了解多用一分力，即多為抗戰增長一分力量，他們的艱苦努力，其勞績即等於前線衝鋒陷陣的戰士。這才是真正的動員全國，大量的動員全國。

我們不要把抗戰看作完全破壞的性質。我們要注意在抗戰過程中同時把艱苦的建國事業擔負起來！

當然，這種計劃必須由政府來發動，必須在政府領導之下進行，但是促成此事的實現，還是要靠各方的督促提倡。

一串串的問題

有位很熱情的青年在他的信裡很憤慨地說：「現在許多人沒有飯吃，沒有工作做，要救亡不知如何入手，一串串由抗戰而引起的問題無法解決。」

自從抗戰發生以來，難民激增，失業也激增，他們不僅想到自己，同時也具著一腔熱誠要替國家做些事。就是有一口飯吃的人，也不甘吃白飯，也極想在這國難急迫的抗戰時期，能替國家做些事。要工作做，幾成了一般的呼聲。

這些問題當然不是任何個人所能解決，也不是一二民眾團體所能圓滿解決（雖則團體較個人還略有一些區域性的辦法），因為這事和整個的抗戰計劃或國防計劃有脫離不了的聯絡的。中國的抗戰計劃，在軍事方面，已得到相當的注意，在全國總動員方面，還只是一句空的口號，還缺少具體的辦法。一般人對於所謂總動員，也只注意於軍事的意義，其實在抗戰期中的國防經濟建設，在後方動員國民動輒數千萬人，從事生產事業（如重工業，生活必需品，農業生產等），鞏固抗戰的基礎，那才是切實有效的「動員」。同時還可動員大量人材把這些生產區域的城市及農村組織起來，在緊張環境中積極推廣民眾教育（以抗戰建國為中心的民眾教育），生產教育（切實的短期訓練），這方面的「動員」的人數也必有可觀。

這樣，在戰區裡，即發生戰事的區域，只須直接和戰事有關的人們依實際的需要而留下，其他的民眾便可大量有計劃地移到後方參加實際的國防工作，——經濟的和文化的。

緊張中的建設

中國要從死裡求生，一方面在前線要英勇抗戰，一方面在後方還要努力建設。講到建設，就一般說來，也許有人覺得需要和平的環境；能在和平的環境中建設，當然是最好的事；但是在侵略者殘酷進攻的時期，不許我們有和平，所以我們要鞏固持久戰的基礎，雖在抗戰的緊急時期中，在後方的幾個省份裡，特別要加速地努力於建設，——在中央所主持下的有整個計劃的建設，以保障抗戰勝利為中心的建設。

而且在緊張中的國防建設，還有幾個特殊的優點：第一有抗戰救國的顯明目標做發動機，國民都情願在最低限度的生活下為國家奮鬥；深切地了解能為國家建設事業多盡一分力，即為國家的救亡圖存多增一分力量。尤其是國營的建設事業，生產的盈餘歸國有，國民更願艱苦奮鬥，為國努力。第二，即有一部分利用民間資本，亦可由政府規定最低限度的利潤額，或效美國在大戰時期所施行的「利潤稅」，限制私人的利潤，增加國庫的收入。在抗戰救亡的發動機之下，企業家分出相當部分的利潤來增加國力，使國家得到最後的勝利，使自己和自己的子孫不致淪入奴籍，這絕對沒有人敢反對，願反對的。

所以在緊張中的加速的建設，不但是可能，而且還有它的優點！這是中國縮短建國過程的莫大的機會，我們不應錯過！

防家賊與民眾運動

最近有朋友從山西來，談起一件饒有趣味而值得我們嚴重注意的事情。據說山西當局在北方戰事愈益嚴重之後，在感覺到動員民眾偉大力量的重要，但是臨到危急的時候，卻不大「動」得起來，於是閻主任詫異為什麼他幹了二十年的「民眾運動」，卻得到這樣的結果！他想起第八路軍的先生們精於此道，特約幾位來商量這件奇事。他對他們老實提出這個問題；並且老實說他「動員」幾個月，只「動」了幾百人，而前次未改編前的「八路軍」一入山西，就帶去了五千民眾，這裡面必然有什麼祕訣！他們回答得太爽直了。他們老實告訴他，說他二十年來的「民眾運動」，在實際上只是壓迫民眾的運動！他們說倘若他真要把民眾動員起來，必須把壓榨農民的苛稅迅速減輕，把阻礙民眾運動發展的種種事實消除，讓民眾積極發揮他們的自動性，他們當然要起勁起來的。聽說閻主任很為感動，我們誠懇地希望他的翻然悔悟，在時間上不致過遲了。

我的這篇隨筆的標題把防家賊和民眾運動聯在一起，初看起來，似乎太不倫不類了，但是如果我們不有意忽視上面所說的那樣嚴重的事實教訓，對於這個標題應該不難得到相當的了解吧。我們防家賊，主要的目的是在時時刻刻提防他會妨礙我們自己的利益，要這兩方面精誠合作，是很少希望的，——倘若不是絕對不可能。被人當作家賊防的人，要他們真能參加合作的工作，就是他心裡萬分願意，而牽制於種種的束縛和障礙，要發揮他的自動性，共同起來努力奮發，在事實上是無法辦到的。這樣一來，往往有一批人鉤心鬥角於培植「防家賊」的「自己人」的勢力，而實際無意作家賊而卻被人當作家賊來防的人們，他們的精力也被消耗於人事的糾紛，對於真正救亡的工作而無法得到充分的效率。

山西的注重民眾運動，一向是我們所常常聽到的，但一旦臨到危急的時候，民眾應該有的偉大力量竟「動」不起來，可見我們要注重的民眾運動不可以掛了一塊招牌為已足，必須開展真正的民眾運動，同時要把領導民眾和防家賊分清楚。我們都要把少數人的利益拋開，大家的心目中只有整個民族的利益，這樣才能達到精誠團結一致對外的目的。

實業家對國防建設的意見

中國的抗戰，軍事固重要，但後方經濟的鞏固，更是重要的基礎。本刊鑒於抗戰展開以後，社會上的一般失業問題，一天天嚴重起來，認為解決之道，根本在有整個的國防經濟建設，因此特於本月三日往訪化學專家而兼實業家的吳蘊初先生，提出這個問題，徵求他的意見，他也表示有同樣的感想。他覺得一方面要盡量把重要工業遷移內地，一方面要在整個計劃下努力增加生產。

記者提及一般人所認為困難的有四點：第一是原料問題，第二是資本問題，第三是電力問題，第四是交通問題。關於第一個問題吳先生認為盡可利用中國自己有的原料，他深信生活必需品和國防品，中國已有原料可以利用。最重要的原料為煤炭，華北失陷，煤量已去其大半，雖極可痛心，但所餘的仍可供利用。吳先生新自德國調查實業回來，他說德國人在艱苦中奮鬥，對原料一項也是盡量運用本國所有的。他們得不到國外的橡皮原料，居然由煤炭中想法造出橡皮來，叫做Buna！沒有造肥皂用的油，他們又從煤炭中造出來。甚至食料上用的油，他們也已經能從煤炭裡造出來。可見只怕不苦幹！中國目前在原料方面還不至窘迫得像德國那樣，只要我們真肯努力，原料是可以設法解決的。

關於第二個問題——資本，——吳先生毫不遲疑地說：「這也只要大家咬緊牙根幹，大家不怕苦，也不是沒有辦法的。」記者說，在這樣國難危迫的時期，人人都願貢獻他的全部心力為國家而苦幹，只要有最低限度的生活，經濟是不計較的；在這樣的情況之下，國家正可以運用最少量的資金，辦最大限度可能的生產事業。吳先生也很以為然。關於這個問題，他還指出兩點：一點是政府對於實業須有確切的保障，使辦實業者毫無疑慮，放心辦去；還有一點是企業家及具有資本的，也須顧念到國家民族的前途，和政府立在一條戰線上來幹。

關於第三個問題——電力，——他認為有煤有水可用的地方，不怕沒有電力。已有電力可用的地方固佳，否則便應該同時發動水電力的製造。講到這一點，更可見整個計劃的重要，倘只有一部分的枝節的實施，而同時沒有整個計劃的配合，這種困難當然是無由解決的。

關於第四個問題——交通，——這是無容諱言的缺點，因交通的不便，運輸上受到很大的影響。但是吳先生也認為大規模的交通建設，也是整個計劃中的一個重要的部分；交通不夠用，我們應該使它在最短期間能夠用，不該作無益的興嘆。同時可把已有的交通先用起來。

吳先生承認在這艱苦的時期中，國防建設也必然是很艱苦的，不過他不承認天下事沒有辦法。不過有些辦法是比較的容易，做起來順手些；但只須真肯努力，不會沒有辦法的。

最後我們偶然附帶談到農業生產的重要。他特別提出中國對於食料當力避浪費。他說在外國看外國人吃菜，把盆底吃得乾乾淨淨，中國請起客來，往往糟蹋不少的菜餚；我們應該為國節省物力，再不該那樣浪費了。

實業家對國防建設的意見

訪問美國記者談話記

最近有一位美國名記者從華北到上海，我在本期「時評」裡曾略為提到他說的幾句話。他約我晤談了兩小時，談了不少話，我覺得他的意見還有值得介紹的，所以再作這篇談話記。他因為某種原因，暫時在這類談話裡不能向外發表他的姓名，這一點我們是諒解的，所以只稱他做記者而不寫出他的姓名。

他是最近從華北來的，而華北卻是正在敵騎蹂躪的慘境中，我首先問他關於華北的感想，他說華北的存亡，其權還是操諸中國人的手裡，因為日本即在目前占據了華北，倘若中國仍不妥協，繼續抗戰，日本仍不能安然坐享華北的贓物利益，而日本國內的經濟困難，到本年底就要感到更尖銳化。倘能如宋子文先生最近發表的中國在經濟上至少能維持抗戰兩年，那只要能下決心苦幹下去，日本必敗無疑。不過日本現在已感覺到種種棘手的困難，在黃河以北到手之後，恐怕要勾結英國出來講和，那時中國很有妥協的危險，這是中國所要早下決心拒絕的。他認為中國繼續抗戰，日本固然被毀，中國也難免受著很大的犧牲，但在重大犧牲之後，可從基本上建立一個獨立自由的國家來，這偉大的犧牲無論如何是值得的。倘若怯懦苟安，半途妥協，名存實亡，使日本得安定下來，不久又必然再來一次武力侵略，那就永遠不得翻身了！他認為這是中國的最大的危機。

他說中國只須打六個月（當然必要時還要繼續下去），國際形勢必然地還要大大地轉好。各國目前都不願得罪日本，所以不能對中國有怎樣積極的具體的幫助。如中國再打半年，日本經濟受重大的打擊，軍事方面也受到重大的損失（他猜想日本軍隊在東北、華北、華南已近八十萬人，東北及內蒙約三十五萬人，華北約二十五萬人，上海附近約二十萬人，如再打下去，最近要增到一百萬人，即如此大量軍隊的給養維持，已是一個嚴重的問題），沒有很大的力量來對付第三國，那時各國當然也都要出來，乘勢加強對中國的幫助。所以要轉移國際形勢的更大的好轉，要各國更有積極的具體的幫助，最最重要的還是抗戰的能夠堅持下去。

他很詫異的是號稱民族解放的偉大戰爭，只有軍隊活躍，看不到民眾和軍隊打成一片共同興奮努力的現象。他曾經到過陝北，覺得只有在那個地方看到過軍民合作的熱烈狀況；軍隊出發時，男女老幼熱烈歡送；軍隊所駐的地方，人民熱烈地給與種種的幫助，種種的鼓勵與合作。他在華北所見，日軍反而比較知道利用民眾，利用宣傳，每一支軍隊出發，都隨有新聞記者和攝影師，把軍中的「英勇熱烈」的情形隨時隨地描繪得有聲有色，到處宣傳，他們把宣傳看作和軍事同樣的重要。至於他們隨處組織他們的所謂「民眾」（在中國方面就是漢奸），盡量利用著，那更是有目共睹的了。他再三地慨嘆於中國的軍隊和民眾隔閡得實在太厲害了。不但在華北如此，他到華南來看看，也感到同樣的駭異和失望。他認為這樣的民族解放的偉大戰爭，必須激動各個人民來參加。他不知道中國民眾運動受到種種的阻礙，再三問我中國人民為什麼不群起要求，補救這個缺憾！他又再三的說，這是知識分子應該熱烈參加的民族革命，中國的許多知識分子到那裡去了！我聽了只有感覺到汗顏無地。

我們談到義大利對中國態度的惡劣，他說義大利的勾搭日本，旨在牽制英國在歐洲的活動；義大利自己的海軍在地中海牽制英國在歐洲的力量，同時勾結日本的海軍牽制英國在遠東的力量，這樣更可分散了英國在歐洲的活動力，使英國在歐洲更不敢採取任何斷然的策略，這樣一來，義大利當然更容易暢所欲為了。

其次我們也談到九國公約會議的問題，他認為中國在九國公約會議中當然可把這次事件更擴大地暴露於世界之前，更使日本帝國主義的罪惡再在全世界的聽眾前出醜，但除此以外不能有任何其他的奢望，因為九國公約會議除提出調解及妥協的辦法外，絕對沒有什麼其他的更大的效用。

最後他談起《大眾生活》，承他過獎這刊物在救亡運動中曾經有它的貢獻，他說他曾經把《大眾生活》裡的文章譯了幾篇發表在外國報上。我謝謝他的好意，並說明這是一大群努力救亡運動的文化朋友們的心血的結晶，我個人所盡的力量是很有限的。

信箱

□ 安定人心

貴刊第十九期信箱所載由湖南晃縣王而山先生所舉發的該地「特種漢奸」一則，的確是事實，而且不單是晃縣一個地方的事，恐怕內地都有發見的事實吧。這次我因事赴揚州鄉間友人家（本月十五日），那天揚州全城及四鄉都鬧拉夫，不獨在路上走的男子被拉，即商店職員偶或出門小便，亦在被拉之列，以致全城恐慌，青年男子皆不敢出門，街市突如死市。後經全體商民抗議，因如此則商店將被迫停業，於是城內才停止此種行為。唯四鄉仍不時發現此種舉動，以致一般鄉民，惶惶不可終日，整天藏身家中，皆使婦女出外，不能安心務農，影響人心甚大，咸認此種舉動非法，因目前據筆者所調查，一般目不識丁之鄉民皆能認清此次全面抗戰之意義，凡屬中國人，均應為國家服務，如過路國軍需要民夫，縣政府盡可責成保甲長每鄉攤派，更說明須服務約幾日，或至何地即可放回，一方面家人可以安心，全體鄉民亦皆願往矣。更有可嘆者，即揚屬仙女廟鎮某店小開被拉後，竟可以二百元贖回，實屬地方官卑鄙痛心之舉動！凡以上情形，皆系事實，盡可實地調查，務望負責當局加以取締，或變更辦法，對於內地人心之安定，有莫大之關係焉。

周鼎彝敬啟。

十月廿三日。

編者按：關於「拉夫」的信，我們收到不少，其中有一個共同點值得我們的注意，那就是大家都承認在此爭取民族解放的抗戰時期裡面，有力者出力是應該的，所以對於軍隊運輸上所需的人力供給，在原則上是大家都不反對的，不但不反對，而且認為是應該的。現在各方面熱心持久戰的人們都在積極提倡開放民眾運動，民眾運動的主要目的一個，就是要發動民力協助軍隊。大家所反對的是沒有適當的辦法，又不先使人民明白這辦法，一味瞎拉，這樣怎能怪人民的「惶惶不可終日」呢？如果民眾運動開放，民眾都有了組織和訓練，軍隊所經過的地方，由有組織的民眾分段自動出來和軍隊合作協助，那末每段的民眾只須在那一段的區域幫忙，到了相當的地點，又有第二段區域的人民出來接替，這樣把工作由所經過的各段地點的民眾分工擔任起來，每人或每段中人服務的日期當然可以減少，所至何地也可以預先知道，在家屬方面也可以放心。這事於安定人心的確有很大的關係，我們希望當局要加以嚴重的注意。至於地方上的貪官汙吏，存心勒索，魚肉鄉民，那更是罪無可恕，我們希望政府要加以極嚴厲的制裁。

關於這件事，還有一點值得我們注意的，就是軍事的進行便利和民眾運動是離不開的。如果開放了民眾運動，民眾自動地起來組織運輸隊，「拉夫」就根本用不著了。

不滿於平凡的生活

寧波張令謀先生：

你說你們都是高中學生，現在為了學校當局的避免無價值的犧牲，都已遷到比較安全的鄉間來上課，都還過著很平凡的生活，因此都熱望著能為這神聖的抗戰盡一分子的責任，不知做什麼好？你們都在求學的時代，不滿於平凡的生活，而要在平凡生活以外再為國家的神聖抗戰做些有意義的事情，這種精神是很可敬佩的。但是我們覺得在求學或受訓練的時代，這求學或受訓練的本身，也就是救亡工作的一部分。問題是在所求的學和所受的訓練是否和這個非常時期需要配合或聯絡起來。例如學習做機械技師，在平常時候是一件平常的事情，但是在非常時期裡，如有整個的國防經濟建設計劃的施行，其中重工業占著很重要的位置，那末在這種情況之下，學習做機械技師以準備國家的需要，便另有重要的意義，便可以算為也在參加救亡工作的一部分了。舉此一例，其餘可以類推。你們現在尚在高中時代，也許還說不到什麼專門的訓練，但是加緊準備，亦有著同樣的意義，問題是在學校給與你們的課程內容，是否能和非常時期所需要的準備工作配合或聯絡起來。關於課餘在農村可做的工作，方面也很多，這是要根據你們的能力和環境的需要而確定的。關於這一類的工作，本刊上登載過好些文字，可供你們的參考。簡要說起來，在農村裡目前較重要的工作是組織民眾和訓練民眾。關於組織民眾，也許不是你們幾個同學所能單獨擔負起來的責任，要注意和校外的公團或社會團體合作，參加你們的能力可以做的部分。關於訓練民眾，除同樣可與當地的公團或社會團體合作外，比較簡便的，也許可集合約學為鄉民先辦一個義務夜校或補習夜校，教授基本知識及灌輸救亡的意識等等，同時也可以作為組織的小中心，由此漸漸推廣出去。

互助與依靠

王正民先生：

你說中國要求自立，還是要靠自己的力量，這句話當然是對的。但是主張聯合以平等待我的與國共同制裁共同的敵人，並不是隻依靠他人而自己不再努力，這一點卻不可以誤解的。例如英國要在地中海制裁「國際海盜」，就極力聯合法國蘇聯等國來共同進行；這是互助，誰也不是專門依靠誰。中國今日除了漢奸之外，誠然誰也沒有中途妥協的幻想。這類漢奸在中國還沒有絕跡，這是公開的事實，我們所要提防的就是這類漢奸的作怪。至於在行為上已表現堅持抗戰的人們，我們當然要敬重他們，信任他們，不致把漢奸的銜頭加在他們的頭上。至於民主的實行，非常時期當然要有簡單迅速的辦法，這種辦法的宗旨是要使現在的政治機構更能反映全國人民的要求，增加政府抗戰的力量。關於這一點，本刊上期時評裡有一文論及（題為民意機關的設立），可供參看。

關於精誠團結的憂慮

秀和先生：

你對於中國精誠團結的憂慮，思深慮遠，愛國熱誠，溢於言表，不勝感慰。促成精誠團結原是一件非常艱苦的事情。精誠團結的障礙是私意，是成見。私意和成見占據人們的腦袋，一旦要完全洗刷乾淨，原來就不是一件很容易的事情。這個過程需要時間，需要一番忍耐苦幹的工夫。現在中國在敵人殘酷侵略之下團結了，以後還需要鞏固團結，使一致抗敵的偉大事業不致受到中途的破壞，這是我們大家所要共同努力的。還有一點我們也可以注意的，那就是以整個的民族利益為前提的集團才能真正獲得全國民眾的支援，這是時代的要求，誰也無法違反這要求而還能僥倖存在的，違反的人們徒然心勞日拙，自掘墳墓而已。這種人也許暫時還可以趾高氣揚，自鳴得意，但是種瓜得瓜，種豆得豆，他們的末日是快要到來的。向著光明坦途邁進的人們，儘管在艱苦中奮鬥，終能克服困難而獲得最後的勝利。

一個偏僻的鄉村

浙江鄞縣革寧先生：

（一）你所在工作的鄉下是一個偏僻的鄉村，三面是山，人民大都是靠打石為生，上海戰事起後，各地人民紛紛逃難，沒有人肯拿出款子造屋，於是做石頭生意的人都停頓下來，石匠無工可做，生計發生問題，你問我們在這樣的情形之下，有什麼方法改善他們的生活。這個問題如擴大起來說，要利用人力物力來支援抗戰，政府對於後方的勞動力，應有非常時期的經濟國防建設計劃，容納大量的勞動力，這樣一來，石匠也許還是需要，即不需要，這種勞動力也可以轉入其他部門工作。如就你所在的鄉村的情形縮小來說，比較可能的出路也許只有替他們設計他們力所能任的手工業生產，這種設計要看本地及附近的需要和可能得到的原料。如果這樣小規模的手工業生產也找不到，我們可以說想不出其他的辦法，因為這是有關國計民生的事情，要由領導全國的政府負責，少數私人是無法解決的。(二) 你在這鄉村裡辦了一個鄉村小學，利用這個組織來擴大救亡工作，這是極好的辦法，因為這種鄉村小學也是組織村民教導村民的一種很好的中心。由這箇中心做出發點的組織方法，要看本地的情形，可以聯絡當地的公正人士，尤其是熱心的學生家長，共同來進行。你說每夜在這小學裡舉行國難講座，聽的人倒不少，不過因村民受到生計的逼迫，有時也受到影響，人數減少起來了。這不但是你所在的一村的情形，可以說是組織民眾的一個非常嚴重的問題，因為要組織民眾，必須顧到他們的最低限度的生活。(三) 你問起「如何充實我們自己去教育他們」？你是教育家，我想你一定知道「如何」的。一般的說起來，我們應該密切注意國內及國際時事的發展及有關抗戰的書報的閱看，同時要在實踐中去體驗現實，盡可能幫助村民解決種種困難。

以保衛祖國為唯一中心

湖北藕池程楨琳先生：

承你寫長信來鼓勵慰問，感謝得很。你所提出的問題，有些是關於已往的事情，我主張不再去說它，為著推進救亡運動，個人受了一點冤曲或吃了一點苦頭，都是極微小不足道的事情，我們現在所注意的是鞏固全國精誠團結，一致來對付我們的唯一大敵日本帝國主義者的侵略。我們的思想行動，一切的一切，都應以保衛祖國為唯一中心。關於民眾組織及失業救濟，我們已有過許多討論，想你已經看過，現在最重要的是從各方面推動此事的實現。關於徵兵，因宣傳工作做得不夠，村民對於這次神聖抗戰的意義有許多還不明瞭，以致發生種種不幸現象，我們也屢有所聞。你說：「保甲制度在鄉村中成了封建勢力利用的機關，徵兵成了他們的財源。有錢的可以避免兵役，得了賄賂，轉向那無錢無勢的人——靠人謀生的——抓取壯丁填補，弄得鄉里睡不安寧（抓取時總是乘黑夜），怨聲悶在肚裡。這許多危險的現象，對抗戰前途實有很大妨礙，政府亦應注意。徵兵本是國家的法令，也是近代一種完善兵役法，無論何人都不能違抗避免。像中國這次對外抗戰，上前線殺敵，為國民應盡之義務，怯懦畏縮之念自不應有。就事實講，募兵制沿行已久，這次陡然實行徵兵，事先又不加以宣傳，自難得人民之樂意。」這段報導可謂沉痛之至，我們特為撮述出來，以引起當局的注意和補救。

救亡的道路

開封范若萍先生：

（一）你提出的第一個問題是：「青年學生在這個國難嚴重的時候，是否可以放棄其學業而走於救亡的道路上？」這個問題不是一句簡單的回答所能解釋的。倘若你所受的「學業」誠然和這抗戰時期的需要能有聯絡，那末也可以說領受這樣的「學業」也就是「走於救亡的道路上」。你的意思只有「直接走上前線去殺敵，或間接的到鄉間去宣傳，以及訓練民眾，組織民眾等等」才可算是「走於救亡的道路上」，未免把「救亡的道路」看得太狹隘了。我們當然承認「直接走上前線去殺敵」是救亡工作的一部分，但這只是屬於軍事的部分，軍事當然不能包括一切的救亡工作。如果你有志於參加這一部分的救亡工作，那當然是可以的，參加的途徑或是尋覓領受軍事訓練的機會，或者直接參加到前線去，倘若你的能力已經足夠應用。至於鄉間宣傳，訓練民眾，組織民眾等等，也有種種不同的方式，有的要用全部工夫加入專任的，那末只有少數學生有志於此而無意續入學校，客觀的機會和主觀的能力又配合得起來的，當然可以去做，有的無須用全部分工夫做的，那末學生可以利用課外餘暇來參加。所以總結起來說，有兩點值得注意：第一，教育方面必須根據抗戰時期的需要而實行根本的改革，這方面的努力當然偏在政府當局和教育家的責任，可是青年們也可以用集體的力量去請願或建議，推動這件事的實現。第二，校課之外，應根據環境的需要，給青年學生以相當的課外餘暇，參加校外的救亡工作。(二) 鄉村的安定與生產，政府應有相當的計劃，青年學生只能在這樣的整個計劃下盡力，如設立夜校，消除文盲，及其他協助農民等的工作。(三) 游擊戰誠然是重要的戰術，但同時還須和正規軍配合起來，才能收到最後勝利的效果。

救亡工作與脫離環境

鎮江張大任先生：

（一）凡事要做得好，必須是自己願意做的事。社會的需要是多方面的，你學的中醫，倘若這一部門是你自己所願意的，所喜歡的，社會上並不是不需要醫生，你是否要學下去，全看你自己的志願。（二）你一面要想參加救亡工作，一面很怕家人要你去做生意。我們覺得救亡工作和做生意並不是一定不相容的。救亡工作不能當作職業看，倘若你無須自食其力，能用全部工夫出來為救亡工作盡義務，這當然是很好的；倘若你還須自食其力，那末盡可以一面做生意，一面抽出一部分的時間去參加救亡工作。最近我們常聽到青年盡想拋棄職業去參加救亡工作，我們覺得這未免有些誤會。你在心理上似乎也犯了這個毛病。（三）你要想脫離現實的環境而出外去流浪。這件事我們不敢說是絕對不可做的，例如世界有名的文豪高爾基就是做流浪兒出身的，但是他的做流浪兒是出於不得已，並不是由自己選擇而來的，所以我們覺得你要選擇出去流浪，我們不敢斷定有何把握，因此也不敢奉勸。依我們的意思，你還是找個職業，一面抽些時間出來參加救亡運動。你家人希望你能安分守己，抽些時間出來參加救亡運動，和安分守己並沒有什麼妨礙的，因為救亡運動根本不是搗亂的行為。

艱苦的過程

山東夏村費滿先生：

（一）有些人因為在抗戰期間在軍事上受了挫折，就垂頭喪氣，這是因為根本不明瞭什麼叫做持久戰，根本不明瞭中國的民族解放戰爭是要經過很艱苦的過程的。在持久的抗戰，一時一地的挫折是在所難免的，最最重要的是要抗戰到底；能抗戰到底，即不中途妥協，最後的勝利必然是屬於中國的。我們如知道民族解放戰爭是要經過很艱苦的過程，那末唯一的念頭就只有努力克服困難，而不應該被困難所克服。（二）日本帝國主義志在征服整箇中國，所以中國任何區域性的區域要想苟安圖存是不可能的。在侵略者要收到各個擊破的效果，在時間上略有先後是可能的，但是終究是不能獨免的。現在日本以苟安圖存來引誘山東，這完全是各個擊破的陰謀，山東只要看自九一八以來日本帝國主義在華北施展的伎倆，便可不言而喻了。現在的整箇中國，存則俱存，亡則俱亡，所以我們全國應該團結起來共同行動。(三) 你說「在山東的老百姓談論國事，若與事實不符，那是造謠生事，罪當處死；但若所談是事實呢？則為洩漏機密，得槍斃。所以抗戰三個多月了，全國總動員組織民眾的呼聲震天價響，而山東仍是一無生氣。」你又說「在尚未喪失的領土內有話不敢說，坐視一般漢奸輿論蔓延而不敢出來公開駁辯，是什麼滋味？」你所報告的情形太可痛心，你所提出的問句太沉痛了！這不但是山東的危機，也是中國的大不幸。我們希望山東當局早些覺悟，不要噬臍無及！

磨擦

武昌丁東先生：

承蒙誠懇指教，厚意極感。先生認為全國正在抗戰之時，內部不可再有磨擦，所見極是，關於這一點，我們完全和先生同意。我個人雖自恨能力薄弱，但數年來對於全國團結禦侮的提倡，不遺餘力，雖中間被誤會而吃些小苦頭，仍絲毫無所怨懟，但求團結禦侮能實現，個人方面毫不計較。本刊自出版以來，對領導全國抗戰的政府及蔣委員長，都以赤誠擁護，這在本刊所發表的言論，可以覆按。至於對政府偶有善意的建議或批評，這是各國輿論界的普通現象，一方面對於一般民眾含有指導意味，以造成共同的動向，一方面亦所以反映民眾的潛伏的願望。中山先生所謂喚起民眾，共同奮鬥，輿論界實亦負有此種責任，和一紙

「條陳」作用迥不相同。當然，全國的輿論不是一二刊物所能包辦，但是它卻不應該因此拋棄它的一部分的責任。

裁員

鄺賦文先生：

政府各機關因緊縮起見，不得不裁員，或實行所謂「停薪留職」，固然有不得已的苦衷，但是從整個抗戰的計劃看來，確有另行計劃更好的辦法之必要，因為這大量公務員被裁或被停後的生計，乃至他們全家的生計都沒有著落，仍是一個待決的問題，不是一裁或一停所能了的。你問「為何不每人發低點生活費來彼此維持」？這固然是一個很好的建議。但是依我們所知道，一般地說，就是那些未被裁或未被停的人們，月薪也已經打了折扣。這問題的根本解決，恐怕還在非常時期的建設事業有個通盤籌劃的辦法，才有工作可以支配，在經濟上也才有力量顧到許多人的生計。

妥協與漢奸

李念琪先生：

（一）「主和者就是漢奸」這個標語裡的和是指主戰主和的「和」，在現狀下主張對敵講和，就是等於主張出賣國土主權，所以是漢奸，不能用「和平」兩字來掩醜的。蔣委員長也說「中途妥協，就是滅亡」，可見他也是反對主和的。（二）你的那位朋友主張只要「保住華中及西南，再埋頭苦幹準備五年」，不知道日本帝國主義是要滅亡整個的中國，所以東北四省淪亡，繼之以冀察，繼之以綏遠，繼之以整個華北，華北亡後，接著來的是什麼，這是最近過去的鐵一般的事實所昭示，無論如何健忘的人都不該不知道的。中國的重要資源大半在華北，沒有了華北，重工業就絕了希望，還有什麼準備可言呢？在另一方面，把華北的重工業資源讓日本帝國主義安然享用，那是幫助他們準備罷了。況且日本帝國主義的毒害立刻就要遍布全中國，例如放縱走私就害到全中國的經濟，根絕抗日運動及愛國教育也要害到全中國的民族意識，絕不是區域性問題。你的那位朋友實在太近視了。

不斷的努力

劉祖德先生：

聽到你已往的奮鬥的苦辛，引起我很深的感觸。青年人最重要的是要繼續不斷的向前努力，要不被任何困難所沮喪，能這樣，必有光明的前途。所謂光明的前途，當然不是指個人方面的「升官發財」或舒服的享用，是指更能盡量發展個人的能力替更多的人服務，或做於更多的人有益處的事情。要得到這樣光明的前途，就要把自己的知識和能力一天天充實起來，同時對於客觀的條件時常作密切的注意。增加知識和能力的途徑很多，有些青年因一時不能入校求學或一時不能升學，便感覺到十分消極，認為從此沒有希望，這是大大的錯誤，因為入校或升學只是增進知識的一個途徑，如果這一個途徑實在沒有法子再走，還應該想別的途徑繼續走去，也許要比較走得慢些，但是不停的走，一定也走得很遠的。在現實的社會裡——也可以說是廣義的學校——「求學」，也許還要更切實些。我看到你的來信，又引起這樣的感想。我希望你仍用著同樣的勇敢的精神，沉著的態度，繼續向前努力。你現在在銀行界服務，我以為你就可以在那個環境裡留心志同道合的朋友，彼此聯絡起來。如可能的話，盡可組織一個小小的研究會之類的小集團，共同討論所要研究的問題，共同商定可能執行的行動，共同研究和其他救國集團發生相當的聯絡。有著這樣小組織做基礎，比之個人孤零零單獨的暗中摸索好得多了。這只是方法的一種，你可以根據自己所處的環境，斟酌情形決定。

抗戰與主張

丁河清先生：

你說「當前最重要的問題是在如何抵抗日本，其他一切成見主張均可放棄。」我想如果你常看本刊的文字，一定可以知道我們一向就主張「抗日第一」，關於這一點，我們對於你的意思完全相同。你又說我們當放棄一切成見，我們根本就沒有成見，放棄不放棄不成問題。至於說要放棄一切主張，那要看是什麼主張：如果是有益於「如何抵抗日本」的主張，絕對不該放棄，反之，如果是有害於「如何抵抗日本」的主張，那就應該放棄。這是我們所要解釋的第一點。你提起有人主張改善政治機構，主張民主，認為這類主張是有礙於抗戰的，我們卻覺得為達到抗戰的最後勝利起見，如發現政治機構尚有改善之必要，提出善意的建議，以供政府的採擇，以供國人的研究，這正是有益於抗戰的進行，絕不致引起其他的不願有的結果。你說恐怕要因此使人民企圖另建政府，其實對政府作善意的建議和「另建政府」完全是兩件事，怎麼可以混為一談呢？關於民主一點，如果你常看本刊的言論，便知道我們的意思不過是要使得多數民眾有參加救國工作的機會以作政府後盾，這樣只有增強政府抗敵的力量，對於抗戰前途也是有利無害的。總之，我們屢次說我們都應以赤誠擁護領導全國抗戰到底的政府和蔣委員長，這如果你常看本刊，一定是知道的，我們在這裡不必多所說明的了。這是我們所要解釋的第二點。尤其使我們奇異的是你說現在有人主張組織人民陣線。依我所知道，中國從來沒有人主張什麼人民陣線。我自己向來是以公開言論與天下以共見，請問你曾在那一篇文章裡看見有人提倡過中國應有人民陣線的組織？反之，我曾在所編的《生活》星期刊著文說明中國所需要的是全民族團結禦侮的民族統一陣線，而不需要像西班牙那樣以階級鬥爭為中心的人民陣線。從前有人誣衊全國救國會是人民陣線，但是我們請高等法院遍查救國會一切的宣言檔案有沒有一次用過人民陣線的名詞來表示該會的主張？他們始終找不到。現在如果有人還覺得有什麼人民陣線的組織，甚至還疑心我和我的一班朋友有此組織，請他們拿出確實的證據來。

抗戰與主張

感情與理智

何廣周先生：

你的信充滿著努力求進和愛國的精神，你表示不願仍在校裡上課，很迫切地希望能做些更切實的救亡工作；你不願像家人所希望你去做的工程師或銀行家；你因為目前苦於投效無門，又想到陝北去入陝北公學。總之，我看到你的不安定的心情和迫切前進的情緒。我所得的印象是：你是個英明有為的青年，但是我覺得你的感情勝過你的理智，這是要請你注意的。現在的學校教育有許多不滿人意是事實，但是我們如因此而不願入校，把學校教育擱置起來，卻未免過於性急，不是辦法（當然可以選入比較差強人意的學校，不是說一定要固守著太不滿意的學校）。這是第一點。救國和訓練人材並不是對立的事情，例如工程師人材的訓練，在抗戰時期也是很需要的。家人的看法儘管是偏在數百元的月薪，但是我們儘管有我們的正確的看法。所以你應該自己考慮是否宜於做工程師，如覺得自己的性情與能力確是近於這一方面，努力把自己造成一個良好的工程師，對於國家也可有你的貢獻。現在有些人把救國工作看得太簡單太抽象，其實救國工作有各部門，也需要各部門的專門人材的，因此各部門的專門人材的訓練，也可說是抗戰期中一種重要的工作。到陝北公學去，當然是可以的，但是如果你現在所入的學校在裝置方面相當的好，可以增加你所習的部門的知識技能，我覺得也沒有一定要去陝北的必要，請你按照實際情形酌定。

電子書購買　爽讀 APP

國家圖書館出版品預行編目資料

激變:鄒韜奮的抗戰日記 / 鄒韜奮 著 . -- 第一版 .
-- 臺北市 : 複刻文化事業有限公司 , 2023.12
面；　公分
POD 版
ISBN 978-626-7403-31-0(平裝)
1.CST: 言論集 2.CST: 政治理論 3.CST: 中國
078　　112019202

激變：鄒韜奮的抗戰日記

臉書

作　　者：鄒韜奮
發 行 人：黃振庭
出 版 者：複刻文化事業有限公司
發 行 者：複刻文化事業有限公司
E-mail：sonbookservice@gmail.com
粉 絲 頁：https://www.facebook.com/sonbookss/
網　　址：https://sonbook.net/
地　　址：台北市中正區重慶南路一段六十一號八樓 815 室
Rm. 815, 8F., No.61, Sec. 1, Chongqing S. Rd., Zhongzheng Dist., Taipei City 100, Taiwan
電　　話：(02) 2370-3310　　傳　　真：(02) 2388-1990
印　　刷：京峯數位服務有限公司
律師顧問：廣華律師事務所 張珮琦律師
定　　價：299 元
發行日期：2023 年 12 月第一版
◎本書以 POD 印製